Francesco Trupia

Migração e direitos de auto-gestão: Um novo paradigma para a Europa de Leste

Francesco Trupia

Migração e direitos de auto-gestão: Um novo paradigma para a Europa de Leste

ScienciaScripts

Cover image: www.ingimage.com

This book is a translation from the original published under ISBN 978-3-659-90572-8.

Publisher:
Sciencia Scripts
is a trademark of
Dodo Books Indian Ocean Ltd. and OmniScriptum S.R.L publishing group

120 High Road, East Finchley, London, N2 9ED, United Kingdom
Str. Armeneasca 28/1, office 1, Chisinau MD-2012, Republic of Moldova, Europe
Printed at: see last page
ISBN: 978-620-8-03947-9

Índice:

Migração e direitos de auto-gestão.

Um novo paradigma para a Europa de Leste pós-comunista

Resumo

Na Europa de Leste, as fronteiras nacionais e as questões das minorias têm sido uma fonte constante de confrontos. Embora os fenómenos migratórios estejam constantemente a afetar tanto a esfera da segurança humana como a transição para uma democracia plena, o aumento das ameaças comuns de potenciais tumultos devido à instabilidade ao longo das fronteiras nacionais conduziu a Europa Oriental a uma nova era de incerteza. Desde o auge da chamada "crise dos refugiados sírios" nos Balcãs e o reavivar dos conflitos étnicos na Ucrânia e no Cáucaso, a abundância de violações dos direitos humanos, a ascensão de políticas de fronteiras egoístas e os nacionalismos obstinados exacerbaram os domínios públicos entre os locais e os recém-chegados. Por esse motivo, esta monografia tem como objetivo traçar uma panorâmica das relações interestatais e interétnicas à luz da chamada "migração", a fim de alimentar a implementação de direitos de autogoverno como estratégia essencial para garantir os Estados do Acordo de Parceria Oriental e facilitar o processo de democratização dos últimos Estados-Membros da UE e dos Estados candidatos à UE.

Palavras-chave: *migração, segurança humana, direitos de autogoverno, grupos minoritários, Europa de Leste;*

Reconhecimento

Esta monografia é o resultado de quase três anos de investigação e estudo, publicada como artigo pelo Eastern Journal for European Studies em junho de 2017. Partes da mesma foram apresentadas na Conferência Internacional *Mobilização Política das Minorias Étnicas e Discurso Anti-Minoritário na Europa* na Universidade Babes-Bolyai - Cluj-Napoca, Roménia (setembro de 2016), na Conferência da Euroacademia *Rethinking Eastern Europe* em Belgrado, Sérvia (janeiro de 2017), na Reunião Bi-Anual da PACSA (agosto de 2017) em Amesterdão, Países Baixos, e na *Conferência de Segurança de 2017* em Istambul, Turquia (outubro de 2017).

Acima de tudo, gostaria de dedicar este trabalho aos meus pais e à minha irmã, de quem sempre recebi encorajamento, apoio e confiança. Um sincero agradecimento a toda a equipa de investigação do "Instituto Alfa de Geopolítica e Inteligência": Denise Serangelo, Gaetano Potenza, Antonio Lamanna, Edoardo Corradi. Devo um agradecimento especial ao "Caucasus Resource Research Centre - Armenia", ao "Institute for Islamic Strategic Affairs", sediado em Londres, onde tive o prazer de contribuir para o programa "Refugee&Border Control": a Daniyal Shajar e a todos os investigadores. Aos meus professores e colegas do Programa de Mestrado e Doutoramento em Filosofia da Universidade de Sófia St. Kliment Ohridski pelos seus comentários, conselhos, sugestões e conselheiros inconscientes que deram vida a esta monografia. Por último, mas não menos importante, a Gohajr, Sati, Irina e Tsovinar, com quem passei momentos maravilhosos em Erevan, sentindo-me em casa. Ao meu companheiro de viagem Tatevik.

Introdução

À semelhança dos fenómenos migratórios maciços que enfraqueceram a Europa de Leste durante o colapso dos regimes comunistas, a atual "crise dos refugiados" nos Balcãs após o fim da guerra na Síria e o grande número de movimentos transfronteiriços de deslocados internos[1 2 3 4 5 6] para o ressurgimento de tensões étnicas na Ucrânia e no Cáucaso suscitaram pedidos históricos de grupos sociais marginalizados.

Por esse motivo, os fenómenos de movimentos transfronteiriços, em combinação com rivalidades étnicas exacerbadas e não pacificadas ao lado dos Estados vizinhos, expuseram amplamente a região a um vasto leque de perturbações. Atualmente, não existem questões com um perfil político mais elevado do que as relativas aos movimentos transfronteiriços através de zonas fronteiriças contestadas, que começaram recentemente a afetar a esfera da segurança humana a partir do seu interior. Com efeito, nos últimos anos, a vaga crescente de recém-chegados externos introduziu uma luta crescente pela visibilidade e a chegada de uma ou mais subjectividades políticas que procuram reforçar os seus compromissos cívicos e políticos através de campanhas de reconhecimento e proteção jurídica nos Estados de acolhimento. A este respeito, a passagem dos chamados "conflitos congelados" para um estatuto mais cinético e dinâmico levou a Europa de Leste a enfrentar (mais uma vez) questões incertas e nunca pacificadas sobre esses territórios relacionados com identidades idiossincráticas. Mais importante ainda, os fluxos humanos desencadeados pelo fracasso da revolução das Primaveras Árabes, seguidos do agravamento dos conflitos e das (contra)/migrações forçadas, estão atualmente a ocorrer como uma interação negativa em reação a crises existenciais contínuas e intermináveis dos valores autoproclamados da Europa Oriental pós-comunista, da auto-perceção e da imagem política projectada que se alarga em

[1] De acordo com os Princípios Orientadores sobre Deslocações Internas (retirado de © OHCHR 1996-2017), as PDI são "*pessoas ou grupos de pessoas deslocadas internamente que foram forçadas ou obrigadas a fugir ou a abandonar as suas casas ou locais de residência habitual, em particular em consequência de conflitos armados ou para evitar os seus efeitos, situações de conflito generalizado violência, violações dos direitos humanos ou catástrofes naturais ou de origem humana, e que não tenham atravessou uma fronteira internacionalmente reconhecida*".

direção ao Ocidente.

Assim, esta monografia tem como objetivo apresentar brevemente as principais questões sobre as fronteiras contestadas da Europa Oriental no que diz respeito às questões das minorias e das migrações, a fim de introduzir um "modelo de gestão de crises" baseado na teoria dos direitos autónomos que visa promover a capacidade futura de construção da paz entre diferentes populações e grupos sociais à luz do chamado fenómeno da *migração*. Ao introduzir o contexto histórico inquietante da hostilidade cultural contra o conceito de "minoria" e "migrações externas" no antigo Bloco de Leste, a monografia tenta desvendar a forma como o legado comunista afecta a relutância atual em lidar com questões específicas, como as minorias nacionais e as migrações. É prestada especial atenção à política de migração estática de lugares fronteiriços que começou a abalar os países do Bloco de Leste ao longo do desaparecimento de uma noção de segurança humana exclusivamente centrada no Estado, quando a *questão dos* mapas encontrou uma grande variedade de grupos sociais em processos de *desterritorialização* e *reterritorialização* dentro de novas fronteiras físicas e culturais. É interessante notar que, em oposição à transição não violenta do poder que ocorreu na Eslováquia através da "Revolução de Veludo", as resistências de grupos de minorias étnicas explodiram em busca de autonomia e auto-determinaçãono seio de "Estados dentro de um Estado" que ainda constituem uma instância de topografia e desafiam os processos de democratização. Com o passar do tempo, apesar de a União Europeia ter abordado a importância de promover relações de boa vizinhança na região pós-comunista, os receios históricos de potenciais rupturas e aquisições étnicas têm dificultado o desenvolvimento económico e a redução das desigualdades sociais através da livre circulação de pessoas, ideias, bens e serviços. Por conseguinte, este cenário veio deteriorar a perceção dos "Outros" e transformar o conceito neutro de segurança humana num paradigma mais sensível do tipo "eles-versus-nós", especialmente nas antigas sociedades socialistas em que as propriedades culturais e os meios de subsistência foram aumentados pelo nível de conhecimento íntimo que os recém-chegados e os seus parentes pertencentes a grupos minoritários têm.

Esta sobreposição, que já não é uma mera analogia, tem ainda uma outra consequência na atual Europa de Leste, onde os recém-chegados (por exemplo, imigrantes, requerentes de asilo, deslocados internos) e os membros de minorias que vivem "fora do lugar" começaram a identificar-se mutuamente através de um sentimento de solidariedade em espaços sociais transnacionais e de captação, através e na proximidade de zonas fronteiriças contestadas. Além disso, este estado de coisas parece levar os regimes pós-comunistas a reforçar os processos internos de "radicalização", enfrentando uma deterioração do seu nível de democracia num contexto regional repleto de democracias imperfeitas (6< s <8), híbridas (4 < s < 6) e regimes autoritários (0 < s < 4), tal como relatado pelo Índice de Democracia 2017 (10 = perfeito)[7] .

Por isso, a segunda parte desta monografia aborda a teoria dos direitos autónomos como uma estratégia vantajosa para a gestão da segurança e para a política preventiva na Europa pós-comunista, apesar de as excepções, em muitos casos, não poderem ser consideradas como um dado adquirido numa região descrita como uma área homogénea e repositório de caraterísticas negativas[8] .

É por isso que este quadro teórico também pode servir para a análise no terreno e para os investigadores das macrorregiões da Europa Oriental, onde as semelhanças e a vontade de promover projectos de desenvolvimento além-fronteiras implicam conceitos de etnicidade e de grupos sociais como fenómenos cruciais na sociedade liberal e cívica, onde todos os indivíduos têm direito a direitos e liberdades iguais. Esta abordagem teórica pretende contrastar as práticas autoritárias domésticas e, assim, abrir caminho para estabelecer medidas tangíveis através da implementação de direitos autónomos à luz da *cinopolítica*, que vem literalmente da palavra grega "*kino*" e identifica a atual política de movimento (Nail, 2015). Por conseguinte, o

[7] Em resumo: a falta de sistemas eleitorais de qualidade, de instituições representativas e de legitimidade processual, a vulnerabilidade à sucessão, a falsa lealdade que distorce a arena política, os ambientes de baixa informação e os dissidentes invisíveis são as principais preocupações. Exceto no caso da Sérvia, que, curiosamente, se classifica melhor como "apenas" um país com "falhas".

[8] Ver mais Della Porta, D. e Mattoni, A. (2014), *Spreading Protest. Social Movement in Time of Crisis*, ECPR Press, Colchester - Reino Unido, M. Teodorova (1994) "*The Balkans: From Discovery to Invention*" publicado em *Slavic Review*, Vol. 53, No. 2, pp. 453-482.

multiculturalismo será aqui empregue sobre a relação renovada *entre Estado e* Estados que o legado comunista tinha estabelecido até à sua queda e o medo histórico da proliferação da instabilidade (sub-)/regional na Europa de Leste[9] em termos de perda de relações interestatais, riscos de violação dos direitos humanos contra recém-chegados e membros de grupos minoritários autóctones.
Apesar do facto de o termo "grupo" ser vago, a monografia rotula o termo "grupos de recém-chegados" (por exemplo, requerentes de asilo, refugiados e migrantes económicos) como membros de uma minoria específica de acordo com as classificações de Nail e Kymlicka[10] através do fenómeno da "migração" entendido como uma força social relevante que historicamente interage com os Estados-Nação e a sua esfera pública[11] . Ao considerar a teoria dos direitos das minorias de Kymlicka como um modelo de gestão relevante para a resolução de controvérsias entre diversidades etnoculturais na esfera pública, esta monografia visa promover com êxito uma forma teórica de reparação e prevenção, alargando a promoção do reconhecimento e da inclusão entre sistemas e culturas culturais maioritários e minoritários através da cooperação, integração e relações e outros laços.

Por último, o principal objetivo desta monografia é oferecer uma imagem exaustiva da teoria proposta dos direitos autónomos em comparação com as lutas (não) / veladas pelo território, pela identidade original e pelo poder político na Europa de Leste, que lida constantemente com um contexto inquieto que os medos colectivos e a atual *migração* moldaram ao longo do tempo. Um enfoque no quadro concetual

[9] A guerra dos quatro dias no Nagorno-Karabakh entre a Arménia e o Azerbaijão, e as entidades de facto de Donetsk e Luhansk na Ucrânia) e o agravamento político das relações interestatais para os Estados candidatos à UE (por exemplo, a Sérvia/Kosovo).
[10] No cerne da questão, o filósofo canadiano inclui os imigrantes em grupos minoritários específicos entre outros, nomeadamente "Minorias Nacionais", "Grupos Religiosos" e "Grupos Sui Generis" na sua teoria dos Direitos das Minorias. Ver mais D. Hys (2004) A Critical Assessment of Will Kymlicka's Theory of Minority Rights: Dilemas do Multiculturalismo Liberal. Biblioteca e Arquivo do Canadá. Além disso, Thomas Nail classifica os imigrantes como "Nomad", o migrante expulso do território; "Barbarian", o migrante expulso do estatuto político ou da cidadania; "Vagabond", o migrante expulso da ordem jurídica; "Proletariat", o migrante expulso do controlo sobre o processo económico. Ver T. Nail (2015a) Migrant Cosmopolitanism. Public Affairs Quarterly 29, no. 2.
[11] Ver mais Cox, Robert W. (1982), Social Forces, States and World Orders: Beyond International Relations Theory, Millennium - Journal of International Studies, LSE, Vol.10, No.126, Millenium Publishing House.

e nas razões para proteger grupos-alvo vulneráveis,
como os grupos imigrantes e étnicos, terá como objetivo tentar promover uma melhor compreensão dos fenómenos migratórios na política, apontando como podem (co-)/existir produtivamente, assegurar e democratizar a esfera pública.

Capítulo 1

Lidar com um passado incómodo

"Os excluídos não são simplesmente incluídos na comunidade, mas a sua inclusão perturba a própria noção de comunidade estável"

Jacques Rancière

Durante o período comunista na Europa Oriental, a União Soviética e os Estados satélites alinhados, bem como as entidades federais da Jugoslávia, caracterizaram-se pela exclusão das "questões nacionais" e pelo reconhecimento das identidades minoritárias. Não era de surpreender que os países pós-comunistas não conseguissem desenvolver com êxito a cooperação entre si para gerir as transições democráticas destinadas a substituir o anterior "bem comum" na região. Em retrospetiva, foi importante perceber, após a queda do comunismo, que o progresso de uma nação pode ser o retrocesso de outra nação, devido aos contextos anteriores que deixaram lacunas importantes. Com efeito, as experiências soviética e jugoslava, em que diferentes populações viviam num espaço comum, levaram a que o sentimento de pertença étnica e as identificações nacionais ou culturais das comunidades não fossem reconhecidas e fossem forçosamente reduzidas a um elemento de intersecção num modelo psicológico que uma configuração epistemológica de uma subjetividade híbrida simplificou através da ideia do "Grande Proletariado Internacional". Nestas circunstâncias, uma ideologia soviético-marxista avassaladora veio promover uma cristalização das diferenças culturais entre espécies de seres[12] , em que a ideia de liberdade humana rejeitava qualquer auto-realização nacional e minoritária. Esta lógica aplicada de "limpeza de classes", cuja brutalidade se intensificou a partir da cornucópia estalinista e da criação de um sistema multinacional, levou a que as culturas minoritárias e as suas "etnoses" fossem inversamente reduzidas, simplificadas e artificialmente transformadas num modelo linguístico (por exemplo, as línguas russa e servo-croata) e etnopolítico uniforme, rígido, uniformizador e centralizador, sem possibilidades de auto-realização e auto-determinação[13] . Do mesmo modo, as populações dos Balcãs que viviam na federação jugoslava e sob influência soviética foram subjugadas à força através de uma vasta gama de assimilações políticas, perseguições étnicas, limpezas e massacres. Por outras palavras, um estado de incerteza que afectou as identidades colectivas e a auto-identificação comunitária que ocorreu em tempos de mudança: antes da crise do Império Otomano (embora o chamado *komshuluk*[14]), durante a Guerra da Jugoslávia e o seu colapso definitivo.

Sobretudo a "subjetividade híbrida" marxista-comunista, que Milan Kundera rotula recorrendo à gloriosa falácia de "um soviético

O "povo"[15] foi artificialmente moldado pela imposição a russos e ucranianos, arménios e azeris, polacos e letões, tártaros e ciganos, sérvios e muçulmanos-bósnios, de viverem lado a lado num domínio em que as exigências culturais e as reivindicações políticas de autodeterminação e reconhecimento não se concretizaram. No entanto, do ponto de vista filosófico, o marxismo tradicional e os seus seguidores ortodoxos nunca manifestaram uma tendência hostil em relação ao conceito etnopolítico de minoria. Pelo contrário, sempre privilegiaram a ideia de um Grande Proletariado Internacional, insistindo numa assimilação particularmente

[12] Ver mais Erdagi B. (2014) "*Karl Heinrich Marx and Political Philosophy* " pp. 3469 in *Sophia Philosophical Review*, Vol. 8, No. 1.

[13] Ver mais Tlostanova M. (2004) *Post-Soviet Literature and the Aesthetics of Transculturation*, p.194.

[14] O termo deriva de "*komgu*", que significa literalmente "*vizinho*" na língua turca. Indica o conjunto razoavelmente coerente de regras relativas à posse da terra, à tributação, à justiça e afins, através das quais os turcos otomanos organizaram as relações interétnicas no seio do Império.

[15] Ver mais M. Kundera (1984), The Tragedy of Central Europe, New York Review of Books, Vol. 31, No. 7, (recuperado de http://www.bisla.sk/english/wp- content/uploads/ 2014/03/Kundera_tragedy_of_Central_Europe.pdf)

necessária das minorias atrasadas numa maioria mais enérgica e sem nacionalidades. Na prática, este quadro teórico acabou por suprimir qualquer tipo de culturas e identidades nacionais e minoritárias nos países sob o socialismo, em que um axioma metafísico promovia excessivamente uma hibridação cultural como momento ideológico no caminho para a sociedade comunista definitiva e real. Em vez disso, o "novo homem soviético", de acordo com os ideais políticos do marxismo-leninismo, naufragou devido a uma (co-)/existência rochosa entre diferentes populações, a um império multinacional e a campanhas políticas de auto-determinação mantidas sob controlo. Além disso, a consequente adesão a um lugar vinculativo, que tinha por objetivo favorecer (indiscutivelmente) as populações internas e promover as suas (inter)/relações no seio da sociedade civil, deu forma a um Estado *de "monges estatísticos"* (Nail, 2015) que reprimiu e restringiu negativamente os movimentos fronteiriços externos devido a questões de segurança, especialmente na era da Guerra Fria. Naquela altura, enquanto a Europa Ocidental avançava para mudanças radicais na esfera pública devido à chegada de recém-chegados (por exemplo, trabalhadores, mulheres e camponeses) e aos seus interesses (Habermas, 1990) longe de serem harmoniosos (Vavfik, 2010), a Europa Oriental estava presa (mesmo culturalmente) a uma posição desbloqueada e à sua dependência de promover apenas movimentos transfronteiriços internos. Neste contexto, as questões fundamentais das identidades nacionais e minoritárias permaneceram essencialmente enquadradas, e só o fim dos regimes autoritários trouxe à luz esses sentidos colectivos de identidade e sentimento de (in)/segurança ao longo dos processos de construção nacional pós-comunista. Em particular, os fenómenos migratórios começaram a afetar os alicerces da federação pós-jugoslava, bem como da órbita soviética e do seu quintal de tipo soviético, enquanto um grande número de povos passava pela nova experiência de *reterritorialização*, dispersa por actos de traçar novas fronteiras, barreiras físicas e limites construídos sócio-politicamente. Os trabalhadores migrantes, por exemplo, que foram forçados a deslocar-se através de diferentes territórios nacionais, quer para continuarem a trabalhar, quer para procurarem trabalho e pertencerem (ainda que parcialmente) a grupos vulneráveis, começaram a sentir um crescente sentimento de vitimização pelas novas (des)/junções territoriais através das fronteiras nacionais, que tinham perdido a sua anterior permeabilidade na ligação entre as pessoas a partir do interior. Os trabalhadores migrantes começaram a confundir os antigos sistemas comunistas, assumindo a permanência no local de trabalho, a fim de proporcionar seguros de saúde, segurança social, inscrição em escolas públicas, etc. Além disso, o desaparecimento e a eliminação das "ameaças arriscadas" de restrições à migração nos países europeus sob a égide do socialismo[16] abriram as portas a um grande número de queixas há muito incubadas que conduziram a região a uma situação tumultuosa e interna

turbulências, comprometendo a esfera da segurança humana. Embora os movimentos transfronteiriços tenham ocorrido ao longo dos territórios nacionais de Estados-Nação não homogéneos, em que uma "Nação" não coincidia com o "Estado (e vice-versa) nas suas ideias e valores clássicos[17] , vários grupos minoritários etno-nacionais pareceram imediatamente mais auto-isolacionistas e secessionistas do que irredentistas e desleais (Kymlicka, 2004) contra os antigos governos centrais comunistas.

Em consequência, a maior parte dos antigos países do Bloco de Leste acabou por ser truncada a partir do seu interior devido à perda de parte do território e de zonas fronteiriças disputadas a nível étnico com outros Estados afins, como a Arménia, o Azerbaijão, a Geórgia, a Moldávia e toda a federação jugoslava. As resistências ocultas dos grupos de minorias étnicas em defesa das suas identidades, valores culturais e normas de conduta vieram confirmar as críticas da Europa Ocidental sobre a falta de vontade e a incapacidade dos antigos países soviéticos para actuarem de forma independente em relação a outros Estados vizinhos, aos seus concidadãos e aos interesses regionais, contra as graves e persistentes violações dos direitos

[16] A. Glavanakova (2016) *Trans-Cultural Imaginings. Translating the Other, Translating the Self in Narratives about Migration and Terrorism. Crítica e Humanismo*, Casa Publicadora, Sofia. p. 57.

[17] Enquanto a Nação tem sido tradicionalmente entendida como uma entidade tangível e política, o Estado é um fenómeno psicológico partilhado por um grupo de pessoas com um sentido de comunidade em relação com conceitos de raça, etnia, religião, língua, localização e, não menos importante, antecedentes culturais comuns, destino e história, real ou imaginária, ideias e valores.

humanos. Em vez de um aspeto integrador, unificador e de construção comunitária do nacionalismo, que exprime a complexidade das ideias de identidade e de comunidade, de história e de destino, uma série de lutas pelo reconhecimento e pela autodeterminação sobrepôs-se à sua face divisiva, desintegradora e chauvinista, comprometendo o "*Nós*" que se autodesenha e se autoconstitui mais em termos de "quem *não* somos" do que de "como *agimos*" com os Outros. A ascensão deste espírito de "origens comunitárias" afectou até as reformas constitucionais que enfatizaram a ideia de "Nação" em consonância com o lema "*Nós, o* Povo"[18] . Enquanto o primeiro estava a moldar os domínios públicos sob a égide da "comunidade de cada um", em vez de razões genuínas, geográficas e políticas para relações de boa vizinhança, os países da Europa Central e Oriental começaram a enfrentar rapidamente um processo crucial de transformação: de países pós-comunistas de emigração e trânsito para Estados e locais de imigração e (possível) reinstalação. Embora a União Europeia tenha tentado alargar o sistema de Schengen para abolir as fronteiras internas, controlar as externalidades para a Europa Oriental pós-comunista e substituir as lacunas institucionais deixadas pelo legado do comunismo, um vasto leque de países (por exemplo, Macedónia, Roménia, Jugoslávia[19] , Ucrânia, Geórgia) continuou a figurar na lista negativa da UE para a política de entrada sem visto. Os países do antigo Pacto de Varsóvia tiveram de enfrentar imediatamente tendências de imigração externa que não existiam no Bloco de Leste, no qual a tónica era colocada na prevenção e regulação da emigração dos habitantes locais, lidando apenas com um fenómeno migratório interno facilitado por fronteiras internas e permeáveis que promoveram a interligação entre as pessoas.

No entanto, apesar de a órbita pós-comunista ter estado repleta de diferentes regulamentações e instituições jurídicas, regimes políticos e objectivos, a atual política de alargamento da União Europeia a Leste parece falhar miseravelmente na

[18] O caso eslovaco, em que, de acordo com o preâmbulo, a Constituição não é da autoria de "Nós, cidadãos da República Eslovaca", mas de "Nós, o Povo Eslovaco", continua a ser um exemplo paradigmático. Ver mais J. Elster (1994) *Constitutional Politics and Economic Transformation in Post-Communist. A Comparative Study of Bulgaria, Czechoslovakia and Hungary*, Edward Elgar Publishing, Inc., UK.

[19] Nessa altura, os actuais Estados do Montenegro e do Kosovo, que ainda hoje não são reconhecidos pela Sérvia, foram incluídos no atual território da República da Sérvia.

promoção da cooperação de boa vizinhança. A crise ucraniana, por exemplo, que parece estar prestes a terminar com uma anexação não reconhecida da Península da Crimeia à Federação Russa e com outro agravamento dos conflitos na região do Donbas, mostra como estas questões não pacificadas e não resolvidas ainda são relevantes na região pós-comunista.

Com o tempo, a realidade dos conflitos (inter)/étnicos e das relações interestatais de má vizinhança substituiu o desaparecimento das competições ideológicas e das diatribes entre superpotências durante a Guerra Fria, por um lado, e abriu caminho a novos debates sobre a região pós-comunista e a retórica política, por outro. O primeiro, que é constituído pela dupla combinação de exposição ideológica a mudanças relacionadas com o cálculo político na paisagem nacional, e uma vasta gama de medos colectivos (inter)/que desempenham um papel importante em geral, parece conduzir a região mais vasta "sob fogo"[20] mais uma vez. Embora o desejo de mudança nos Estados Árabes não se tenha verificado - pelo menos não da forma que os observadores externos e internacionais previram -, o consequente aumento da sensação de estar sob ameaça e, por conseguinte, vulnerável perante fenómenos como o terrorismo islâmico e os fluxos de migrantes ilegais produziu muito provavelmente um importante retrocesso em toda a região.

Tal como a (má)/conceção de "*Nós, o* Povo", que se posicionava entre os "vencidos" e em oposição aos "poderes protectores" dos Estados pós-comunistas em transição, a atual

as experiências de migração e a revelação das questões das minorias estão a ser estrategicamente incorporadas na retórica das elites no poder de uma forma que não deveria ser.

[20] Bardos N. Gordon "*International Security and Domestic State Structures: The Case of Bosnia & Herzegovina*", pp. 45-59, em *The Balkan and The Middle East: Are They Mirroring Each Other?* (2012) ed. por The Patriarchy of Pec, Universidade de Belgrado - Faculdade de Estudos de Segurança, 14-15 de outubro de 2012.

Capítulo 2

Identidades através das fronteiras e da incerteza

"Nós, pessoas dos Balcãs, entendemo-nos muito bem quando nos encontramos no estrangeiro e somos todos bons amigos quando estamos fora dos nossos países. Mas quando nos encontramos nos Balcãs, odiamo-nos uns aos outros, embora não possamos viver uns sem os outros"[21]

"Dizem que um milhão de ucranianos vive na cidade. Por isso, Moscovo é a maior cidade ucraniana do mundo. Aqui, uma em cada dez pessoas tem um apelido que termina em "enko". Mas como os encontrar? Porque, durante os últimos trezentos anos, tornámo-nos muito parecidos com esses nortenhos severos [...] mas é aqui que reside o infortúnio do império, ao decidir combinar o não combináveis, os estónios com os turcomanos. E onde é que nós, os ucranianos, estamos neste mapa? Algures no meio? Não há consolação"

Jurij Andruchovyc

O vasto leque de fenómenos migratórios que historicamente expuseram a Europa Oriental pós-comunista a uma vasta gama de dificuldades, tumultos internos, crises económicas dolorosas, violência, desordem, injustiça e pobreza, continua hoje em dia a ser uma preocupação específica da região em geral.

Após o colapso do comunismo, de facto, milhares de pessoas começaram, *por movimento* (. Nail, 2015), a interagir de forma crucial dentro de uma riqueza de

[21] Citação de Betkim Bekteshi, um cidadão kosovar de etnia albanesa de Pristina, entrevistado aleatoriamente para o projeto "*Living Together with Positive Stories - Stories that Make a Difference*" realizado pela ONG Gaia - Kosovo em 2012.

"hotspots patológicos" (Nordstrom, 1995). Assim, a chamada *Questão dos Mapas-s* começou a colidir com a forma exclusiva de auto-colecionar e percecionar os "Outros-s", como pureza ou perigo, através da *desterritorialização* e *reterritorialização*, que (re)/construíram imaginários míticos de territórios mais através de referências psicológicas do que evidentes. Embora o tempo tenha passado, ambos os fenómenos revelam atualmente um rigor político à solta que não poderiam ter após (quase) três décadas longe da decadência dos regimes anteriores. Em vez disso, estão a desencadear reivindicações pró-separatistas e reavivamentos etno-nacionalistas na política quotidiana, ao mesmo tempo que fazem com que os assuntos de segurança voltem a ser questões explosivas e altamente sensíveis, não totalmente resolvidas nem levadas a sério. Contrariamente às fronteiras internas comunistas que, de forma ambígua e simbólica, dividiam o Bloco de Leste a partir do seu interior, nomeadamente um espaço geopolítico encaixotado entre a Alemanha de Leste e os arredores da Eurásia, as fronteiras nacionais pós-comunistas transformaram-se em barreiras físicas de separação, entendidas como "cercas de segurança" e (muitas vezes) "linhas de dever"[22] . Especialmente no que respeita a regiões contestadas e a zonas fronteiriças específicas, as fronteiras nacionais constituem mais uma preocupação drástica entre outras, em que a manifestação dramática do significado das fronteiras não implica apenas formas geográficas

em termos de soberania territorial, integridade territorial e independência política. De facto, outros processos de criação de diferenças *nas* e *dentro das* fronteiras físicas sobrepuseram-se às atitudes auto-isolacionistas e desleais de um número considerável de grupos sociais de pessoas (por exemplo, comunidades maioritárias e minoritárias) que foram forçosamente redesenhadas, reorganizadas, transgredidas e parcialmente destruídas durante o colapso dos regimes comunistas e o aumento das lutas pela independência nacional. Assim, as zonas fronteiriças tiveram lugar, aumentando a sua relevância política e cultural em toda a Europa Oriental pós-comunista. Passaram a estruturar pensamentos colectivos (ou "modo de pensar"

---

[22] E. Grassiani e M Swinkels (2014) *Engaging with Borders*, pp. 7-12 em "Etnofoor, Borders", Volume 26, Número 1.

coletivo) e imaginários através da utilização de caraterísticas mágico-míticas que influenciaram as atitudes sociais e as identidades comunitárias, tornando-se maleáveis e instrumentalmente manipuladas por governantes e élites políticas oportunas na procura de despertar a consciência colectiva entre os seus semelhantes. O termo "Grande Nação", por exemplo, que se tornou viral no meio académico devido ao *Choque de Civilizações* de Samuel Huntington, começou a moldar reivindicações históricas e novas para além das antigas fronteiras comunistas. Neste sentido, uma intensa revitalização da "Borderlands-ness"[23] em termos de mitologização e imaginação do território nacional a nível externo e do próprio centro de cultura social a nível interno, criou um modelo multiplicador de (re)/interpretação dos domínios públicos no que respeita ao sentimento de pertença étnica e ancestral que tende a assinalar negativamente as diferenças e incongruências em vez das semelhanças e pontos comuns com os vizinhos. Além disso, a promoção do direito do Estado à posse (ou, pelo menos, ao desejo de apropriação) de áreas contestadas visava promover estrategicamente anexações (ou assimilações, enfim) unilaterais e políticas ameaçadoras de *contraculturação* através de campanhas e pedidos políticos que traziam toda a representação grupal das comunidades que as experiências comunistas tinham desunido dos seus compatriotas e das suas pátrias. Assim, não era de surpreender que as relações na vida quotidiana com o vizinho, nomeadamente com "um-Outro" que se recusava veementemente a participar nas "aventuras fronteiriças" porque estrangeiro no seio dos novos Estados, se deteriorassem e se transformassem em cenários ameaçadores.

A "questão albanesa" nos Balcãs Ocidentais é apenas um exemplo importante, uma vez que não tem semelhanças com outros países da Europa. De facto, os albaneses habitam um chamado "Estado de meia-nação"[24] , que é uma área duas vezes maior do que o território reconhecido da República da Albânia e menor do que a "Grande

[23] Ver mais Bakula B. *Colonial and Postcolonial Aspects of Polish Borderlands Studies: an Outline*, p.96. in *Postcolonial or Postdependancy Studies?*

[24] Murzaku T. "*The Origins of Albanian Question and its Place Within the Balkan Configuration*" pp. 239-269, in *Albania and the Albanian Identities* (2000) ed. por Antonina Zhelyazkova, International Centre for Minority Studies and Intercultural Relations, Sofia.

Nação" que historicamente reivindicam. As comunidades albanesas constituem o sistema cultural maioritário na Albânia, bem como a população de maioria étnica da República do Kosovo, em que o conceito de identidade albanesa-kosovar e de nação kosovar sempre uniram um sentimento de pertença e de origem no seio da configuração associativa e comunitária albanesa. Ao contrário de um grande número de grupos minoritários que se ocupam de diferentes noções de terra (materna) e de Estado-parente, as comunidades ciganas estão muito provavelmente habituadas a atravessar uma vasta área em busca do seu ciclo anual sem terem autorização permanente. Quer os peritos e antropólogos tenham salientado que no Leste
Os povos nómadas da Europa (por exemplo, Romani, Askhalis, Egípcios, Pomaks, Ciganos, etc.) não aceitam a noção de território delimitado, outros têm vindo a sublinhar como essa "viagem cultural" desempenha frequentemente um papel meramente justificativo na sombra da falta de direitos das minorias, de reconhecimento público e de inclusão democrática. Além disso, essa auto-exclusão de determinados territórios tem uma interação negativa com a possibilidade de obter um reconhecimento atribuído pelo Estado ou por outros actores administrativos: município, região, quadro judicial de acordo com pactos internacionais, etc. Apesar de as comunidades sem fronteiras não poderem retratar na prática todos os casos semelhantes, a Europa Oriental tem sido frequentemente exposta a casos específicos em que milhões de nacionais vivem fora do seu Estado de origem e das fronteiras nacionais reconhecidas. Os búlgaros de etnia búlgara na Moldávia e na Ucrânia, bem como as minorias russas no antigo "quintal soviético", na paisagem pós-1989, têm demonstrado que a questão da dispersão das pessoas envolvidas em (contra)migrações na região é atualmente muito mais difícil do que noutros cenários de minorias étnicas em todo o mundo.

Embora a política de fronteiras da UE tenha atribuído novas tarefas aos países da Europa de Leste na tentativa de criar geograficamente uma espécie de identidade e de abrir uma pluralidade e processos de inclusão a partir do seu interior, os actuais fluxos migratórios que se sobrepõem às convulsões das fronteiras estão a impedir os processos de normalização. Conceptualmente, as fronteiras orientais pós-comunistas são um tema mais tradicionalmente antropológico do que político, (inter)/desempenhando um papel central nos processos de reflexão e reprodução de geografias de inclusão e exclusão *dentro* e *entre* grupos de populações diferentes com experiências de partilha difíceis. Assim, em vez de se inspirarem no processo de cultivo da identidade plural da UE, as sociedades orientais depararam-se imediatamente com uma série de dificuldades e transformaram ideias de abertura irracionalmente potenciais num sentimento de superioridade e agressividade, em que a política (por exemplo, assuntos externos e mesas redondas regionais) se transformou em lutas *pelo* espaço e *pelo* significado *do* espaço. A atual República do Kosovo, vista como o resultado de uma experiência ocidental destinada a moldar um sentimento coletivo de nacionalidade entre albaneses e sérvios após o agravamento das limpezas étnicas desencadeadas por actores controversos, representa a utilização de uma localização espacial para a imposição de "lutas pela existência", em que os processos de autodeterminação têm constantemente inflamado debates sobre história, mitologia e comunidade.

Atualmente, as últimas transformações e passagens do estado de *congelamento* para o estado cinético dos conflitos étnicos e territoriais despertaram rigorosamente questões territoriais não pacificadas e deram vida a novas tendências na região. Independentemente disso, isto mostra como a negligência das *questões de identidade* veio complicar as relações interestatais entre a Europa Ocidental e os seus vizinhos orientais, apesar das tentativas contínuas de resolver situações voláteis[25] . A recente "agressão" da Rússia no sudeste da Ucrânia e a posterior anexação da Crimeia ao seu território *de jure*, o reavivar do conflito congelado sobre a entidade de facto do Nagorno-Karabakh-Artsakh entre os arménios e o Azerbaijão e o empobrecimento das relações interétnicas nos Balcãs apontaram para a ligação iminente entre as questões das minorias e o fenómeno em curso da migração. Neste sentido, esta sobreposição intensificou ainda mais os debates e o desenvolvimento

---

[25] Por exemplo, a UE está a apoiar a integração gradual dos países pós-jugoslavos na União e, ao mesmo tempo, a desenvolver discussões sobre comércio, economia, acordos de viagem e outras questões entre a UE e os Estados pós-soviéticos da Arménia, Azerbaijão, Bielorrússia, Geórgia, Moldávia e Ucrânia através da Parceria Oriental (PO).

da "literatura de fronteira", dos "discursos de fronteira" e até do "pensamento de fronteira" em áreas como a história, a filosofia, a teoria da literacia, a etnologia e a sociologia. Disciplinas e abordagens teóricas que recentemente têm vindo a mostrar e a apontar tramas desafiantes e aspectos interseccionais (por exemplo, a Balcanologia, a Sovietologia) como contributo para o estudo do antigo Bloco de Leste, desde a construção do Estado pós-comunista até à situação atual (por exemplo, a soviética, a pós-soviética). Os aspectos psicológicos relacionados, em particular, com a ansiedade e os medos interiores, que parecem desencadear tumultos e escaladas militares em grande escala nas fronteiras escalonadas da Europa Oriental, afectam a corrente política devido à incerteza que se sobrepõe às migrações externas e às minorias desleais dentro dos Estados (de acolhimento). Nos últimos anos, os cenários dos Balcãs e do Cáucaso poderiam servir para descrever a forma como uma série de rivalidades territoriais puseram em jogo os fluxos migratórios actuais.

No conflito de duas décadas do Nagorno-Karabakh, a mais antiga guerra por resolver na órbita da antiga União Soviética e o mais longo confronto militar contínuo da Europa, a incipiente região povoada por arménios, situada entre o Irão, o Azerbaijão e a Arménia, acolhe atualmente algumas centenas de arménios sírios e libaneses que decidiram reinstalar as suas vidas apesar das potenciais ameaças de escalada militar e de hostilidades. Em retrospetiva, a recente reinstalação de refugiados arménio-sírios, que lideraram o nordeste da Síria após a primeira vaga de conflitos civis, foi politicamente facilitada pelas últimas reformas constitucionais e pelas suas tentativas judiciais de aplicar o conceito de armenianidade[26] e promover a "viagem de regresso a casa" para as pessoas com raízes arménias da diáspora arménia. Aos olhos dos arménios, os refugiados sírio-arménios são muito provavelmente vistos como netos dos sobreviventes do genocídio de 1915, graças à ação do Ministro arménio da Diáspora, que conduz uma política de reinstalação hercúlea para os sírio-arménios, disponibilizando lotes de terra mesmo no Nagorno-

desenvolve uma política destinada a desenvolver laços abrangentes e a preservar a armenianidade com a diáspora arménia e facilita o regresso à pátria.

Karabakh e tornando a mesma região etnicamente mais forte (sem dúvida). Na modesta aldeia de Ishkhanadzor, 15 milhas a norte das margens do rio Araxes e da fronteira iraniana, por exemplo, cerca de duzentos arménios sírios e libaneses juntaram-se à pequena comunidade local que vive na zona incerta[27] da renomeada República de Artasakh[28] . É interessante notar que o sentimento de solidariedade para com os refugiados arménios reflectiu recentemente o sentimento de pertença arménia e ancestral historicamente (e atualmente) recordado através da utilização da memória agravada pelos traumas do genocídio de 1915[29] . Se esse sentimento de caridade entre os arménios poderia provavelmente reforçar as campanhas históricas e em curso para o reconhecimento da República de *facto* de Artsakh e a justiça para a autodeterminação arménia, os funcionários azeris condenaram a reinstalação sírio-arménia, definindo-a como a perpetuação de uma ocupação ilegal conduzida por separatistas étnico-arménios apoiados pela Arménia, que continua a violar o direito internacional. Os diplomatas e as instituições representativas do Azerbaijão sempre (re)/reivindicaram o respeito pelo território de *jure* da República pós-comunista do Azerbaijão, que continua a ser inegociável, uma vez que inclui o antigo Oblast Autónomo do Nagorno-Karabakh (NKOA), pátria dos poetas e escritores azeris e dos deslocados internos que tiveram de abandonar a região devido à agressão e à ocupação ilegal arménia desde 1988[30] .

Isto mostra a fragilidade das antigas fronteiras nacionais comunistas face à grande mobilidade das pessoas deslocadas internamente e às rivalidades étnicas no interior das "fronteiras suaves" e das zonas fronteiriças, o que resume negativamente a história recente de todo o Cáucaso. À semelhança do conflito do Nagorno-Karabakh,

[27] Ver mais "*Ghettoization, Insecurity and Destabilization: Crise dos Refugiados no Sudeste da Europa e no Cáucaso do Sul*" - © Fundação HOLDS | IISA 2017, p. 9.

[28] Em 20 de fevereiro de 2017, o referendo popular realizado em Nagorno-Karabakh aprovou a mudança de nome para "República de Artsakh". De acordo com a data divulgada pela autoridade de facto da entidade arménia, a "Comissão Central de Eleições de Artsakh" disponibilizou actualizações sobre a participação dos eleitores durante todo o dia do referendo. Na contagem final, 79 314 eleitores participaram na votação, ou seja, 76,44% dos eleitores elegíveis.

[29] Denishinko V. (2015) *Communication of Tragedy in Global Space: 1991 January 13th Events (Lithuania), 1992 Khojali Events (Azerbaijan)* pp. 45-76 in *The Margins of the NagornoKarabakh Conflict: In Search of Solution*, Centre for Geopolitical Studies, Vilnius.

[30] Ushakin S. (1978) Nam Etoi Bol'yu? O Travme Pamyati i Sbora Stakh, Travma, em *The Margins of the Nagorno-Karabakh Conflict: In Search of Solution*, Centre for Geopolitical Studies, Vilnius.

também as entidades de *facto* da Abcásia e da Ossétia do Sul no território da Geórgia forçaram mais de dois milhões de pessoas a deslocarem-se dentro do seu próprio país. Em combinação com o cenário ucraniano em curso e a anexação da Crimeia, as questões secessionistas pró-russas prejudicaram recentemente a opinião comum da Geórgia sobre os recém-chegados e aumentaram o seu receio de potenciais perdas de controlo soberano sobre as fronteiras nacionais. Nos últimos meses, surgiram protestos locais contra qualquer plano de integração para os recém-chegados, exigindo a deportação e a reinstalação de todos os imigrantes ilegais e mais restrições à concessão de autorizações de residência a todos os estrangeiros. De igual modo, os movimentos cruzados de refugiados em direção à "porta dos Balcãs" a partir da Turquia - uma
país entendido como uma das principais ameaças[31] na região mais vasta da chamada Turquia Europeia[32] -, melhorou as tendências negativas em relação aos muçulmanos e aos grupos minoritários da RAE (por exemplo, ciganos, asquenazes, egípcios) cujos membros conduzem um mundo de vida sem fronteiras que, historicamente, tem deixado a Bulgária, a Macedónia, a Grécia e o Sul da Sérvia muito nervosos[33] .

Apesar das melhorias da legislação e das tentativas políticas de inclusão[34] , a maioria dos Estados dos Balcãs continua a discriminar os grupos étnicos e religiosos minoritários na esfera pública. Na Bulgária, a opinião comum sobre o Islão e os crentes muçulmanos tornou-se mais negativa do que era no passado recente, uma vez que o aumento do fluxo de refugiados passou a ser (mal)/entendido como um perigo potencial. Embora o papel do Islão em todo o país nunca tenha interferido em nenhum caso particular de discriminação visível de grupos étnicos minoritários,

---

[31] Ver mais Clive Leviev-Sawyer (2015) *Bulgaria: Politics and Protests in the 21th Century*, Riva Publishers, Sofia.

[32] A "Turquia Europeia", que é atualmente um território reduzido ao Estado nacional da Turquia, refere-se aos Estados do Sudeste da Europa que estiveram sob o controlo administrativo das regras turcas otomanas no âmbito do conhecido sistema empírico de Millet.

[33] Delaney C. (1994), Investigating Culture. An Experimental Introduction to Anthropology, Blackwell Publishing, p. 40.

[34] Touma A. Maria, "Balkan Religious Minorities Still Feel Excluded, US Says", 16 de agosto de 2017, Balkan Insight (recuperado de http://www.balkaninsight.com/en/article/state-dep-balkan-states-to-speed-up-restitution-of-cult-property-08-16-2017, acedido em 20 de agosto de 2017).

a perceção do Islão como uma das maiores barreiras à integração e à inclusão não tem sido uma preocupação recente nem particular. No entanto, o "Islão dos Balcãs" tem desempenhado historicamente um papel crucial nas rivalidades étnicas e nacionais desde que os turcos otomanos começaram a afetar diversas comunidades quando se tornaram a primeira população não cristã.

Across the Peninsula, que mostra uma interessante tradição oculta de práticas sociais e normas de conduta mistas entre

religiões monoteístas (por exemplo, o cristianismo ortodoxo, o judaísmo, o islamismo) e o paganismo (re)/construído por figuras religiosas e regimes políticos[35] , a opinião comum sobre os crentes muçulmanos mudou radicalmente para a ideia de "religião dos ocupantes", "escravatura" e "pobreza". Com o colapso do sistema de painço e a ascensão dos nacionalismos românticos, a identidade muçulmana permaneceu na região como resultado de uma islamização[36] anteriormente moldada mais segundo linhas étnicas do que segundo a fé religiosa. Seguiu-se que o Islão começou a (inter)/desempenhar apenas um papel marginal nas sociedades, abrindo as portas a mais uma questão dentro de uma questão. Tal como os grupos minoritários que revelam um "hibridismo ontológico" tradicional, com elementos ocultos do cristianismo e do paganismo misturados com meios de subsistência muçulmanos, a preocupação de tais identidades comunitárias pertencentes a mais do que uma cultura vem ao encontro da identidade religiosa do Islão.

Atualmente, esta idiossincrasia tende ainda a (mal)/interpretar o texto sagrado do Alcorão e as práticas com ele relacionadas na vida quotidiana. Por outro lado, tanto a identidade branda como a idiossincrasia cultural expõem perigosamente a manipulações e a outras (des)/concepções os grupos sociais que atualmente são mantidos culturalmente ignorantes devido às "zonas cinzentas" de exclusão em que

---

[35] Por exemplo, os muçulmanos da Bósnia-Herzegovina nunca viveram um Islão autêntico, que foi introduzido com a chegada dos turcos otomanos, proibido à força durante a experiência socialista e reintroduzido após o colapso da Jugoslávia.

[36] Para além das tentativas de promover relações de boa vizinhança em todo o Império Otomano, os governantes otomanos tentaram, sobretudo através da força, dar posições dominantes à religião muçulmana.

vivem. Em consequência, os grupos minoritários da Europa Oriental mantêm diferenças estruturais e culturais intransponíveis e bem sustentadas em relação aos sistemas culturais maioritários. Muito provavelmente, as identidades dos grupos minoritários parecem estar mais ligadas a processos socioculturais de identificação com um grupo específico (por exemplo, "Islão Cultural") em vez de um compromisso cultural com uma identidade. Foram artificialmente delineadas e socialmente consolidadas por esses líderes políticos, ideólogos religiosos e "estigmatizadores", a fim de chegarem ao poder e governarem os mesmos grupos que utilizam para volatilizar através de conceitos de "unidade", "nacional" e "identidade religiosa" construídos[37] . Em combinação com os actos de traçar fronteiras com o objetivo de (re)/desenhar, reorganizar, transgredir e, por vezes, destruir comunidades, as identidades têm sido forçosamente estimuladas por processos de mudança ao longo de contínuos colapsos e ascensões de regimes políticos e de novas (b-)/ordens em que a ancestralidade, as fronteiras físicas e as fronteiras étnicas simbolizam modelos de (re)/interpretação, que tendem frequentemente a realçar mais as diferenças do que os pontos comuns. Especialmente nas sociedades híbridas, a utilização da história foi sempre artificialmente construída e está constantemente relacionada com uma descrição do passado e do que realmente (não) aconteceu. Além disso, os monumentos e os locais simbólicos de recordação estão, eles próprios, sujeitos a (re)/construções físicas actuais e a tendências de reescrita dos acontecimentos históricos, de modo a moldar os sentimentos sociais, a vida interior, as emoções verdadeiras, a memória colectiva e os medos colectivos. Os objectos têm, de facto, um papel emocional na formação da comunidade, especialmente quando se vive nos arredores das áreas urbanas, nas regiões periféricas dos países e nas zonas fronteiriças isoladas.

É por isso que em países como a Albânia e a Bósnia-Herzegovina, dois dos Estados dos Balcãs com maior presença de população muçulmana e com vários problemas a resolver, a

[37] Ainda no âmbito da "questão albanesa", o escritor albanês Pashko Vasa designa a religião dos albaneses como *albanismo*, uma vez que não estavam unidos num compromisso religioso.

A religião não interferiu negativamente até ao século XIX. Na Albânia, apesar de um grande número de albaneses católicos se ter convertido ao Islão por diversas razões, essa "mudança religiosa" não produziu confrontos apreciáveis, quer a nível regional, quer a nível local. Antes da decadência da Federação Jugoslava, a maior Bascarsija de Sarajevo, de estilo turco, relatava uma elevada qualidade de interação social entre as diferentes populações, principalmente moldada pelo sentimento étnico de pertença. Se a Bósnia nunca foi homogénea do ponto de vista étnico e nunca foi um oásis de paz, tolerância e compreensão entre os diferentes grupos, como alguns idealizaram, o próprio país nunca foi um oásis de ódio persistente e violência[38] , como a situação atual parece demonstrar em comparação com a vontade sérvia de ir mais longe na separação étnica.

Voltando brevemente ao cenário de agravamento da disputa territorial do Nagorno-Karabakh, os separatistas arménios cristãos e os azeris muçulmanos rejeitaram a ideia de motivações religiosas por detrás da rivalidade territorial, salientando a prioridade do seu próprio direito à autodeterminação e à separação territorial e cultural entre "nós e os outros". Assim, outro exemplo de tentativa artificial de mudar a(s) identidade(s) colectiva(s) foi o "Processo de Renascimento" ocorrido na Bulgária durante os últimos anos da experiência comunista (1984-1989), quando a população muçulmana foi forçada a mudar de nome[39] e convencida de que era e era descendente de búlgaros étnicos que se converteram ao Islão devido à presença prolongada dos turcos otomanos. Por esse motivo,

Os grupos minoritários muçulmanos, como os ciganos búlgaros e os pomaks, são indevidamente considerados etnicamente "turcos"[40] , apesar de a maioria das suas comunidades ser cristã e falar búlgaro. Em todo o país, especialmente no sul da Bulgária, na Macedónia Oriental e no noroeste da Grécia, os cristãos búlgaros vivem em estreita colaboração com os turcos, os ciganos e os muçulmanos búlgaros,

---

[38] Velikonja M. (2003) *Religion in Eastern Europe*, College Station Texas - University Press, p.13.

[39] Ver mais Marinov M. (2017) *Religious Communities in Bulgaria*, South-West Bulgaria Unviersity Publishing House, Blagoevgrad, p. p. 70-74.

[40] Ver mais Elster J. (1994) *Constitutional Politics and Economic Transformation in Post-Communist. A Comparative Study of Bulgaria, Czechoslovakia and Hungary*, Edward Elgar Publishing, Inc., UK.

partilhando uma mistura de modos de vida e normas de conduta cristãos, pagãos e islâmicos, bem como tradições populares. No entanto, a maioria dos muçulmanos búlgaros vive atualmente sem um nível de educação suficiente e sem um bom domínio da língua búlgara, numa marginalização rochosa que os exclui da sociedade central e da corrente política dominante. A primeira, que é alimentada pelo papel crucial que os meios de comunicação social (inter)/desempenham em toda a antiga Europa comunista, alimentando predominantemente as atitudes políticas das pessoas e as aspirações dos partidos no poder, está a moldar o chamado fenómeno da islamofobia nos países, como o Grupo de Visengrad na Europa Central, que paradoxalmente não têm nem herança islâmica nem minorias muçulmanas a viver neles. Os receios nacionais polaco e húngaro abordam o dilema da "islamofobia sem muçulmanos", que traduz a figura contemporânea do "Outro" num sinónimo de "indesejado". Em certa medida, a expressão da islamofobia de hoje alimenta-se facilmente de preocupações sociopolíticas moldadas por convulsões históricas de turbulências fronteiriças com a região dos Balcãs, no caso da Hungria, e com a Ucrânia, a Bielorrússia e o exclave militar russo de Kaliningrado, no outro caso da Polónia. No entanto, hoje em dia, referem-se com mais sensibilidade

questões que têm inibido as populações polacas e húngaras pós-comunistas de gerir e lidar com factores regionais: relações com as minorias, fenómenos migratórios da antiga União Soviética[41] , proximidade militar russa do território polaco, desenvolvimento transregional de infra-estruturas económicas e criação de instituições. Mesmo na Bulgária, enquanto a crise humanitária dos refugiados fluía da Turquia e da Grécia para o território búlgaro, "vigilantes patrióticos" começaram a patrulhar e a reunir as terras do sul do país em torno da cidade de Yambol com o objetivo de caçar refugiados e impedir a sua vontade de atravessar ilegalmente as fronteiras turco-greco-búlgaras. Ao difundir a ideia, através de emissoras públicas,

[41] Para os trabalhadores migrantes da antiga União Soviética, especialmente da Ucrânia e da Ásia Central, a Polónia tornou-se um país de estabelecimento e não um país de trânsito. Ver mais Grabbe H. "*Stabilizing the East While Keeping Out the Easterns: Internal and External Security Logics in Conflict*" in *Migration and the Externalities of European Integration* (2002) ed. por Sandra Lavenex e Emek M. Ucarer, Lexington Books, Oxford, Nova Iorque (EUA).

de que todo o imigrante ilegal é suscetível de ser um jihadista capaz de derrubar a ordem social do país, as violações dos direitos humanos e os maus tratos ao longo das fronteiras búlgaro-turcas provocaram mais reacções e tumultos do que as migrações propriamente ditas que se verificam no interior do país[42] .

A principal consequência de todas estas sobreposições é, atualmente, a associação enganadora dos "Outros que se aproximam", nomeadamente os recém-chegados que se misturam, sob todas as formas, com minorias autóctones e grupos étnicos, cujos membros provêm de países ameaçadores e costumam atravessar fronteiras de Estados não reconhecidos, entidades autoproclamadas e zonas de guerra. Tal como no passado recente, em que um grande número de grupos sociais foi abalado por um conjunto de migrações forçadas devido a cenários instáveis, o atual fenómeno da migração começou a envolver mais uma vez grupos de minorias étnicas com "origens migrantes" e a residir em países de acolhimento[43] dentro de hotspots patológicos da Europa[44] . Por exemplo, os membros étnicos da RAE e os Gorani têm estado a sair dos distritos kosovares de Mitrovica, Dranica, Shala, Drenese, Skenderaj e Vushtri[45] , experimentando a perigosa viagem dos migrantes através do corredor da Sérvia em direção ao Espaço Schengen. Os Balcãs tornaram-se, assim, um segmento territorial de mobilidade espacial para locais e recém-chegados desafiados pelo seu movimento (Nail, 2015), funcionando como um beco de fuga onde o aumento do número de requerentes de asilo é visto como uma potencial ameaça a toda a estabilidade europeia (Vermeersch, 2004). Na Macedónia, a decisão do governo de encerrar a estação ferroviária de Gevgeljia, no nó greco-macedónio, onde um grande número de refugiados tem estado à espera para deixar a Grécia, teve precedência sobre as políticas de segurança destinadas a proteger a integridade

---

[42] Aumentam as tensões no campo de refugiados de Harmnali, na Bulgária, Novinite, 24 de novembro 2016,http://www.novinite.com/articles/177634/Tension+in+Bulgaria's+Harmanli+ Refugee+C amp+Escalates (acedido em 27 de novembro de 2016).

[43] A. Glavanakova, *Ibidem*.

[44] Ver mais Nordstrom C. (1995) *Fieldwork under Fire: Contemporary Studies in Violence and Survival*, Berkeley: University of California Press.

[45] Ver Poverty spurs mass migration from Kosovo EurActiv.com, 16 de fevereiro de 2015, https://www.euractiv.com/section/global-europe/news/poverty-spurs-mass- migrationfrom-kosovo/.

das fronteiras nacionais e a comunidade fechada contra infiltrações arriscadas provenientes de "fronteiras suaves", contestadas nos meses anteriores. Com efeito, o ataque militar contra um dos postos de controlo da polícia macedónia, desencadeado por um grupo de albaneses kosovares que ostentavam a insígnia UÇK[46] na zona norte, e os confrontos que se seguiram na cidade de Kumanovo, onde trinta albaneses de etnia étnica foram acusados de terrorismo[47] , demonstraram, em primeiro lugar, a fraqueza e a falta de comunicação entre agências e a existência de estruturas de segurança concorrentes após a guerra dos Balcãs. Em segundo lugar, evidenciaram como a deslealdade e os interesses comunitários dos grupos de etnia albanesa não podem apenas desafiar, na esfera da segurança, a recém-estabelecida nacionalidade de um país que ostenta o nome de Macedónia e da mais recente experiência política chamada República do Kosovo (Cvetkovic e Duric, 2012). Da mesma forma, o fenómeno do "turismo eleitoral pró-turco" que ocorre durante as eleições políticas na Bulgária foi combinado com a multiplicação dos movimentos transfronteiriços de refugiados da Turquia como outra atividade potencial de contrabando, bem como um conjunto particular de práticas comerciais contra a soberania búlgara e o poder central.

Como resultado, em vez de representar uma nova tendência(s) de publicidade na proteção das heranças e clivagens culturais após o colapso dos regimes anteriores, os sistemas culturais majoritários do Leste estão constantemente a colocar as minorias étnicas e os grupos de imigrantes sob a sua pressão cultural. Numa região recortada e profundamente vulnerável, exposta à exploração e à proliferação de tumultos, à falta de integração e de coordenação interestatal, que lida (sem sucesso até agora) com a desresponsabilização e com operações preventivas de volatilidade,

[46] A "Ushtria Çlirimtare e Kosovës", que significa literalmente "Exército de Libertação do Kosovo", era uma organização paramilitar de etnia albanesa que pretendia a separação do Kosovo da República Federativa da Jugoslávia (RFJ) e a eventual criação de um Estado da "Grande Albânia" que incluísse todo o Kosovo e a Macedónia Ocidental.

[47] Durante as hostilidades na cidade macedónia, foram mortas dezoito pessoas, oito das quais agentes da polícia. Ver Tanjug. "Lack of EU and NATO Integration to Blame forConflict " B9211Maio2015 . http://www.b92.net/eng/news/region.php?yyy=2015 &mm=05&dd=11&navid=94070.

a resposta de "bloqueios de fronteiras" ocorre atualmente com programas específicos e outros objectivos para "deixar passar certas pessoas e coisas, mantendo outras de fora"[48] . Por

Ao fazê-lo, a (re)/construção política de fronteiras e limites dá atualmente forma a outros aspectos discriminatórios, especialmente para as heranças culturais partilhadas por mais do que um único grupo social.

Além disso, estes vieram mostrar a relevância da noção de "centro" na Europa de Leste pós-comunista. Desde que ocorreu o processo de descomunização, os Estados pós-soviéticos trouxeram à luz a sua ideia nacional de estarem geograficamente "no meio" e politicamente "no centro", uma vez que os ciclos de descentralização e recentralização continuaram a moldar as localizações e a compreensão do espaço de acordo com os novos centros, periferias e mentalidade dos residentes. Na Ucrânia do pós-Euromaidan, as pessoas mostraram uma atitude em relação a um novo tipo de participação política, de acordo com um novo tipo de reafectação no mapa da Europa geográfica. Enquanto a população ucraniana se apercebeu de estar no centro da Europa geográfica e na periferia oriental da União Europeia e nas zonas ocidentais em comparação com Moscovo, uma nova vaga de manifestantes decidiu procurar um futuro próspero através da ideia de "*Regresso à Europa*". Entretanto, a situação de "double bind" da Rússia estava a acontecer (e continua a acontecer) ao longo das suas fronteiras ucranianas, na entidade de *facto* da Novorússia, à semelhança da Ossétia do Sul e da Abcásia, entre o Cáucaso do Norte e o Cáucaso do Sul, na Ucrânia, uma série de questões culturais ultrapassaram as questões relacionadas com o típico renascimento do país pós-1989. Se as autoproclamadas repúblicas populares da "Novorussoyia" apontaram um novo ethnos russo baseado em resistências culturais e numa *verdadeira politik* contra os anti-Maidan e anti-Kiev, o vazio entre o conflito no Donbas e os protestos na capital encheram a esfera pública de confrontos "cara a cara" em busca de liberdade, humanismo e europeísmo. Assim, Ostap Drozdov, diretor de comunicação do canal de televisão

[48] Ver mais *Etnofoor - Fronteiras*, Volume 26, Número 1, 2014.

ucraniano ZIK, resumiu melhor do que outros a forma como a luta interligada pela identidade, território, culturas não contaminadas e influência regional é importante não só na Ucrânia de hoje, mas no resto da Europa Oriental pós-comunista. É o que se segue:

Ucrânia + Donbas = Donbas[49]

Ucrânia + Galiza = Europa

Galiza + Donbas = Guerra

Ucrânia - Galiza = Donbas

Ucrânia - Donbas = Ucrânia

[49] Ostap Drozdov (novembro de 2014) glavcom.ua. O "Donbas" é uma região histórica, cultural e económica no território de jure oriental da Ucrânia. Atualmente, os oblasts ucranianos do Donbas, Donetsk e Luhansk, autoproclamaram a sua independência da Ucrânia entre 2014 e 2015, dando vida à República Popular de Luhansk e à República Popular de Donetsk, que formam a confederação não reconhecida de Novorossiya,

Capítulo 3

Auto-gestão e responsabilidade colectiva:

Rumo a um Oriente Multicultural

"Tradicionalmente, a democracia não cria liberdade numa sociedade de iguais, como muitas vezes se espera. Pelo contrário, é um sistema político divisório que envolve aqueles que possuem o estatuto na comunidade política e aqueles que não o possuem"

Jacques Rancière

Se bem que os países comunistas da Europa de Leste fossem profundamente diversos, mesmo antes das revoluções anticomunistas que varreram toda a região, a riqueza da singularidade da própria região acabou por conduzir a conclusões e consequências semelhantes. A questão óbvia aqui e em relação às secções anteriores é: como é possível orientar a dicotomia dinâmica dos movimentos transfronteiriços e dos grupos étnicos e de imigrantes autóctones excluídos para um "modelo de gestão de crises"?

Embora a resposta comece por ser uma noção difícil de apreender na teoria e na prática, uma aplicação exclusiva do exercício
de direitos de auto-governo (por exemplo, autonomia política, reconhecimento público) continua acessível para lidar com situações correntes nas sociedades

afectadas por externalidades, tais como movimentos transfronteiriços que se sobrepõem a lutas territoriais sobre fronteiras nacionais contestadas. É interessante notar que esta sobreposição pode provocar um abandono parcial (ou total) do mito moderno do Estado-nação homogéneo e da soberania relacionada com fronteiras inabaláveis que, mais do que no passado, parecem não ser exclusivas nem absolutas (Caspersen, 2012) dentro de territórios firmes onde as comunidades se espelham em relação à língua, religião, meios de subsistência culturais e assim por diante. Por conseguinte, mais do que um "pedaço de terra" específico, o cenário atual leva os Estados-Nação a serem rigorosamente reconsiderados, em combinação com o conceito atual de fronteiras, centros e margens fluidos (Bauman, 2007). Além disso, tais reconsiderações não conseguem levantar sequer a questão de saber se os Estados pós-comunistas legitimariam uma aceitação acolhedora da força social dos recém-chegados (Bebgy e Burgess, 2009) na sociedade, no sector financeiro ou na política interna[50] . Neste caso, o objetivo dos direitos de auto-governo surge como parte da política multicultural e, muito provavelmente, seria responsável pelas entidades *de facto* (por exemplo, a República de Artsakh[51] , a Abcásia, a Ossétia do Sul, a República Moldava da Pridnestrovian) e pelos antigos Estados soviéticos e jugoslavos que lidam atualmente com rivalidades étnicas (por exemplo, a Ucrânia, a Moldávia, a Sérvia, a Bósnia e Herzegovina) sobre a infusão de áreas divididas por actos anteriores de estabelecimento de fronteiras. No processo da recente circulação e sedimentação dos recém-chegados no estatuto de cidadania e de Estado, a Europa de Leste realça a forma como o papel atual dos movimentos de (contra-)migração constitui um contra-poder e uma alternativa às estruturas centrais (Nail, 2015) no seu conjunto. A proposta de direitos autónomos pode, assim, vir a conduzir a uma estratégia tangível de resolução de problemas para os sistemas de segurança

[50] Leview-Sawyer C. (2015) *Bulgaria: Politics and Protests in the 21th Century*, Riva Publishers, Sofia, p.151.

[51] A República de facto de Nagorno-Karabakh passou a chamar-se "República de Artsakh" após o referendo realizado na região em 20th de fevereiro de 2017, cujos resultados foram anunciados pela República de Nagono-Karabakh - Comissão Eleitoral Central (CEC) em 21 de fevereiro[st] . Os resultados revelaram que 87,6% (aproximadamente 69 540 votos) votaram a favor da mudança de nome da República autoproclamada.

nacional, prevenindo internamente lutas internas perigosas e novas escaladas numa primeira fase[52] , atribuindo como consequência uma dose internacionalmente forte de vigilância e incentivos sob a forma de reparação política. Ambos tocam a possibilidade de funcionar numa determinada sociedade[53] e protegem todo o Estado da turbulência desestabilizadora interna *através do reconhecimento,* no qual a transparência será fundamental para evitar compromissos transversais de grupos étnicos específicos[54] e as suas normas de conduta inimigas a partir do interior e não nas suas relações geopolíticas. Além disso, isto permitirá, na prática, desmobilizar qualquer forma de "fuga" e pedidos exclusivos de grupos isolacionistas através de um envolvimento público em (novos) fóruns (Kymlicka, 1999) em que os factores locais legitimam uma maior integração a nível comunitário e melhoram uma taxa de necessidades e sensibilidades específicas em conformidade. De facto, os factores locais, que se opõem diretamente à *grande narrativa*[55] de hotspots patológicos, podem adaptar com êxito as interações culturais na representação da cultura de cada um e dos Outros para o primeiro plano da diferença e da diversidade, onde os estados de marginalidade dos "Outros" se transformarão numa fonte de energia e de mudança potencial.Neste caso, em vez de continuar a promover, controlar e construir políticas de assimilação e integração forçadas, o reconhecimento público visa reduzir a deslealdade nativa e as "propriedades locais" através do exercício da auto-governação, promovendo uma melhor transmissão de mensagens não ouvidas para a arena política e capacitando os grupos minoritários para actuarem como decisores políticos, de modo a começarem a habituar-se a um potencial "modo de gestão de crises". Por outro lado, visa também desencorajar partições territoriais mais traumáticas, fraccionamentos e aquisições onde, por exemplo, no Sul do

[52] Jourek N. (1999) *Etno-Political Conflicts in Post-Communist Societies: Prospects for Resolution and Prevention in the Context of International Law,* p. 4 (retirado de http://www.nato.int/acad/fellow/95-97/jourek.pdf)
[53] Kymlicka W. (2001) *Can Liberal Pluralism be Exported? Western Political Theory and Ethnic Relations in Eastern Europe,* Oxford University Press, p. 12.
[54] A. Glavanakova, *Ibidem*, p. 65.
Baudrillard and others" de Thomas Dochertyin, Capítulo XIV, pp. 392-418, em *Twentieth-Century Continental Philosophy* (2005) editado por Richard Kearney, Routledge History of Philosophy Series; Vol. 8 .

Cáucaso, no Sudeste da Ucrânia e no cenário kosovar sobre a rivalidade sérvio-albanesa, a proximidade espacial pronunciada com a "pátria-mãe" fará com que as entidades *de facto* (ou parcialmente reconhecidas) se aproximem para se relacionarem com outro Estado em toda a verdade. Também de acordo com os modelos participativo-deliberativos, a inclusão é uma *condição sine qua non* para que este reconhecimento tenha em conta os grupos minoritários nacionais, de modo a adaptar a sensibilidade às necessidades e aos pedidos relevantes, desencorajando, ao mesmo tempo, qualquer tipo de resistência às autoridades legais e às instituições centrais. Por outras palavras, a teoria (ou proposta para uma maior atribuição) de direitos autónomos nas sociedades contestadas da Europa de Leste terá como objetivo reforçar (ou criar de raiz) um quadro de conteúdos normativos e "conjuntos de ferramentas sociopolíticas" para aplicar fóruns indemocráticos que os grupos maioritários e minoritários respeitarão profundamente e com os quais lidarão para não evitarem a autocontemplação e a regulação *sensu proprio*. Pelo contrário, sem estas meras práticas de relações interétnicas e interestatais, em combinação com a falta de objetividade e o (propositado) auto-isolacionismo, manter-se-ão elevados níveis de generalidade enganadora sobre preocupações particulares. De acordo com as zonas fronteiriças típicas da Europa de Leste, é sintomático que as relações entre os Estados "nacionais" recém-criados e os seus Estados vizinhos afins ou Estados "tentados" *de facto* não se tenham desenvolvido em harmonia com os desenvolvimentos políticos e sociais que não conseguiram atingir objectivos comuns. Na forma contemporânea de *migração* (Nail, 2015), se o cruzamento de grupos étnicos em termos geográficos e sociais facilita o entrincheiramento cinético entre grupos minoritários desleais e auto-isolacionistas, a teoria dos direitos autónomos visa substituir valores e normas de conduta inaceitáveis. Em resultado da resistência estrutural contra a auto-aceitação e dos isolacionismos colectivos ameaçadores, será desenvolvido, preservado, restaurado ou criado de raiz, caso não exista, um sistema racional-legal de reconhecimento e respeito mútuos pelas autoridades centrais e pelos grupos marginalizados.

O que tudo isto significa, na prática, é que os conceitos de *reconhecimento* e de *minoria* se conjugam no cerne da questão. O reconhecimento, em primeiro lugar, que difere fundamentalmente do desejo de recursos materiais e de trocas económicas, implica e reforça um estado de espírito intersubjetivo através do qual os seres humanos reconhecem o valor e o estatuto de outro ser humano ou do bem, costume e crença desse ser humano[56] no sentido de uma adesão plena a esses povos que, de outro modo, continuarão a sofrer em geral. As minorias, em segundo lugar, são sempre importantes na forma e em nome do grupo social que afirmam representar, *declarando* não que estão a *representar* o povo como um todo geral, mas que um grupo minoritário *é* o povo, uma vez que destrói a sua própria inércia e se torna a mudança do precedente político[57] . Assim, o reconhecimento é, antes de mais, uma estratégia de desmascaramento para os grupos minoritários que vivem para além das fronteiras nacionais existentes e que tendem a manifestar relutância em aceitar um conjunto de relações institucionais *das quais* e *pelas quais* podem beneficiar e satisfazer as suas necessidades culturais, direitos e interesses políticos, em vez de manterem atitudes desleais ou iliberais na respectiva sociedade. Uma vez reconhecidas, de facto, e, espera-se, integradas na sociedade cultural maioritária, não terão decisões diferentes para manter essas práticas de participação democrática nas "regras do jogo" no quotidiano político, sem escolhas específicas nem (especialmente se não forem preventivamente reguladas numa série de deveres domésticos) de saída e não participação. Mantendo a ideia tradicional de que os grupos minoritários têm mais razões para evitar exposições de risco na política interna através da troca de necessidades e pedidos, a crítica contra a tendência multicultural de proteger os grupos minoritários na sua pureza cultural encontra aqui a sua legitimidade razoável na Europa de Leste, onde as políticas de isolamento/proteção contra a "interação de risco" facilitaram, pelo contrário, a deslealdade e as atitudes de auto-isolamento. De facto, no âmbito de uma atribuição

---

[56]Fukuyama F. (2012) *The Origins of Political Order*, Londres: Profile Book, p. 41.

[57] Badiou A. "*Twenty-Four notes on the uses of the word people*" p.27 in Badiou A., Bourdieu P., Butler J., Didi-Habermas G., Khiari S., Rancière (2016) "*What is a People?*" New York: Columbia University Press.

e função idílicas de direitos autónomos, os membros pertencentes a grupos étnicos minoritários não podem insistir em certas exigências e direitos considerados inegociáveis, mesmo na arena democrática e nos fóruns locais[58] . Em vez de reivindicar novos processos de construção nacional através dos quais a justiça da própria luta ocorre para separar grupos sociais igualmente motivados para preservar (ou, mais frequentemente, "impor") a(s) identidade(s) colectiva(s) através da mitologização de verdades inquestionáveis, este reconhecimento entrega a cooperação de boa vizinhança sem mudanças marcantes na estrutura étnica, religiosa e nacional de poder (inter)/relacionada com territórios contestados ou zonas fronteiriças disputadas. Desta forma, as culturas étnicas minoritárias terão soluções disponíveis para estruturar o direito da família e outras pessoas sobre a forma de se governarem a si próprias e à sua vida social a partir do seu interior, especialmente nalguns casos particulares que não podem ser imediata e facilmente considerados como garantidos face a possíveis hesitações do sistema cultural maioritário. Ao fazê-lo, os membros de grupos minoritários devem poder apresentar estes argumentos sem que as suas reivindicações sejam rejeitadas de imediato.

À semelhança das entidades *de facto* da Europa de Leste, onde as populações "apátridas" existem em determinadas esferas públicas distantes da publicidade concetual e cognitiva que a teoria política normalmente analisa, o chamado "século dos migrantes" (Nail, 2015) revela a capacidade das estruturas físicas para influenciar o comportamento em novas esferas públicas[59] devido à sua ocupação do espaço. O caso dos sírio-arménios reinstalados no Nagorno-Karabakh, o grande número de pessoas de etnia cigana que circulam pelos "corredores dos Balcãs", bem como o intercâmbio de deslocados internos durante o conflito ucraniano nas regiões do sudeste, são apenas alguns exemplos.Este grande número de novos residentes, tal como os campos de refugiados, os "centros de acolhimento", os asilos e as zonas

---

[58] Ver mais T. Waligore, (2009) "*Cosmopolitan Right, Indigenous People, and the Riski of Cultural Interaction*" pp. 27-57, em Public Reason - Journal of Political and Moral Philsosophy, Volume I, Número I, Editura Universitatii din Bucuresti, Roménia.

[59] Parkinson J.R. (2012) *Democracy and Public Space: The Physical Sites of Democratic Performance*, Oxford: Oxford UP, p.71.

fronteiriças, demonstrou uma incrível capacidade de significação e (não por acaso) trouxe à luz do dia uma grande quantidade de cruzamentos entre recém-chegados e membros de minorias que começaram a espelhar-se uns nos outros devido a interesses comuns e ambições colectivas para além das fronteiras nacionais. Para além da falta de inclusão e do fracasso da política de integração nos Estados de acolhimento, os migrantes e os requerentes de asilo começaram a definir espaços sociais transnacionais (Sagynbekova, 2016) devido a laços familiares baseados em parentesco nas dimensões privada e pública (Faist, 1998). Ao contrário de conduzir à auto-guetoização e à marginalização inaudita, uma certa mobilidade de pessoas, ideias, bens e serviços é um facto da vida quotidiana nos espaços sociais e de captação transnacionais através de junções culturais, nós e interação quotidiana. Por outras palavras, o aparecimento destes novos lugares de encontro e de reencontro começou a ligar as reivindicações políticas e as causas sociais dos recém-chegados às dos grupos minoritários, tais como a luta por mais respeito e proteção dos direitos colectivos e culturais. Esta nova prática abriu um complexo de aculturações possíveis entre identidades que estão a emergir da sua localização tradicional e topografia nacional, e revela entretanto um paradigma que não é uma construção abstrata nem retórica. Esta dicotomia, no entanto, aponta para a possibilidade desafiante de repensar a teoria política a partir do primado dos fenómenos sociais e culturais em vez do Estado como único sujeito soberano na órbita internacional. Todos estes factores em jogo não desvanecem as possibilidades de novos intercâmbios e junções entre imigrantes e grupos minoritários devido à atual migração, em que um sentido prático de

A solidariedade entre os grupos marginalizados tem vindo a delinear a forma como a fragilidade das fronteiras pode continuar a afetar a segurança nacional, mesmo de uma forma positiva. Um cenário, além disso, que implementa um despertar de ansiedade e aumenta o medo coletivo das possíveis ameaças de inclusão do fundamentalismo islâmico através da migração - entendida retoricamente como um Cavalo de Troia rolante e como um processo estimulante para a radicalização de grupos muçulmanos, como na Bósnia-Herzegovina, Bulgária, Albânia, no desfiladeiro georgiano de Pankisi, Azerbaijão. Nos casos dos migrantes involuntários (por exemplo, pessoas deslocadas internamente e forçadas a abandonar a sua residência ou localização geográfica) e dos migrantes económicos (por exemplo, "aves de passagem" ou "vagabundos"), o "enigma dentro de um enigma" búlgaro do Movimento dos Direitos e da Liberdade (MRF)[60] , bem como a denúncia arménia das redes terroristas internacionais que penetraram no campo de batalha do Nagorno-Karabakh a partir do lado azeri[61] , são mais uma vez exemplos concretos. Em particular, a Bulgária é um dos poucos países da região dos Balcãs sem uma história recente de conflitos étnicos sangrentos gerados e/ou relacionados com controvérsias inter-religiosas. No entanto, a forma idiossincrática da identidade muçulmana dos muçulmanos búlgaros (ver Capítulo II) demonstrou recentemente o risco de diferentes interpretações e interpretações erróneas a que as comunidades muçulmanas de todo o país[62] foram expostas. A forte ênfase na chamada "crise dos refugiados sírios" e o número crescente de requerentes de asilo e imigrantes ilegais, em combinação oportuna com a (re)/interpretação confessional do Islão entre os muçulmanos autóctones (que não poderia ser prevista com exatidão se continuasse), tornaram difícil evitar o aumento do estigma e a deterioração das relações interétnicas. Isto, de facto, tornou a opinião pública mais confusa sobre "quem é

[60] O MFR é um partido político centrista da Bulgária, cujo principal objetivo são os interesses dos muçulmanos, especialmente dos turcos. Embora os búlgaros de origem turca, bem como os búlgaros muçulmanos (Pomaks) e os ciganos muçulmanos, liderem e apoiem o MFR, o partido tem o cuidado de colocar os búlgaros étnicos, nomeadamente aqueles que não são muçulmanos turcos nem ciganos. A suspeita búlgara recai frequentemente sobre o MFR, tendo em conta o "turismo eleitoral" através das fronteiras turco-búlgaras durante as eleições e a radicalização das minorias muçulmanas. Ver mais, Leview-Sawyer C. (2015) Bulgaria: Politics and Protests in the 21th Century, Riva, Sofia, pp.48-59.

[61] Ver mais: H. Demoyan, Ph.D., The Islamic Mercenaries in the Karabakh War: The Way International Terrorist Networks Penetrated Azerbaijan, Yerevan (2004).

[62] De facto, em novembro de 2014, foi levada a cabo uma operação militar especial para invadir propriedades muçulmanas e bispos em torno da província de Plovdiv, a fim de descobrir a difusão de propaganda radical e de incitamentos à guerra levados a cabo por búlgaros muçulmanos em nome do Estado Islâmico (EI). O carismático imã de Pazardzhik, Ahmed Moussa, e vinte dos seus seguidores mais próximos foram acusados de terem apoiado o Estado Islâmico, oferecendo hospitalidade logística a três jihadistas na sua viagem para a Síria, bem como de terem recolhido fundos durante o Ramadão. Os investigadores descobriram um grande número de materiais diferentes, maioritariamente roupas e merchandising com as insígnias do Estado Islâmico (EI). Um deles era um exemplar do Alcorão que o imã local utilizava na mesquita local. Ver mais Mincheva M. & Dzhekova R. (2017) Documento de trabalho: Risk of Islamist Radicalization in Bulgaria: A Case Study in the Iztok Neighbourhood of the City of Pazardzhik, Centro de Estudos para a Democracia CDS, Sófia.

quem", afirmando, consequentemente, uma ambiguidade permanente em relação aos grupos étnicos e minoritários.

Apesar de os recém-chegados não possuírem a cultura social necessária para recriar totalmente o conjunto de instituições e práticas[63] , a teoria dos direitos autónomos permite que os recém-chegados transmitam explicitamente as suas mensagens e o direito de serem diferentes no Estado de acolhimento. Ao contrário da ideia de "*Nós, o Povo*" (Elster, 1994) reconhecida na esfera do direito constitucional nos antigos países comunistas para reconstruir a identidade nacional, os recém-chegados e os membros das minorias expressaram uma nova subjetividade política, entrincheirando-se mutuamente e moldando uma nova conceção de "*Nós, o Povo*" (Della Porta e Mattoni, 2014). No meio, este fenómeno explica uma relação triádica entre um envolvimento de grupos de imigrantes

no seio das instituições do Estado de acolhimento (*a*), ligações entre os Estados de origem e os Estados de acolhimento (*b*) e o surgimento de novas esferas públicas (Faist, 1998) (*c*), em que as tentativas dos recém-chegados de se juntarem à sua cultura (Kymlicka, 2004) revelaram uma orientação sustentável para os interesses colectivos partilhados com os grupos minoritários. As suas acções e tentativas de evitar choques culturais - desencadeadas pela deslocação através das fronteiras e reforçadas pela persistência de ameaças externas (por exemplo, cassetetes do exército ou da polícia, sistema cultural majoritário do Estado de acolhimento) - deram a grupos minoritários não expressos a oportunidade de manifestar a sua vontade de derrubar as suas condições de "troca". No entanto, em retrospetiva, a proximidade entre imigrantes e minorias étnicas tratou ambos como grupos de "segunda classe" devido às interações sociopolíticas que têm lugar em periferias isoladas e longe dos espaços públicos e das áreas urbanas, que quase sempre negam a aprovação para a reunião e inclusão políticas. Além disso, as lutas contra a falta de representação e visibilidade adequadas na corrente política dominante não dizem respeito apenas à atitude dos grupos minoritários de apresentarem razões e

[63] Kymlicka W. (1995) *Multicultural Citizenship. A Liberal Theory of Minority Rights,* Oxford: Clarendon Press, p.65.

reivindicações democráticas durante as tentativas democráticas de multiplicar a inclusão. Depende também da inclusão no tempo e no espaço (Lefebvre, 1991) que gradualmente elimina as ameaças de guetização determinadas por tabus e normas, bem como as barreiras sociais que atualmente impedem o envolvimento dos imigrantes e dos grupos minoritários na esfera pública. Também os Estados da Europa de Leste podem correr o risco de uma segmentação étnica e social coincidente com novas (des)ordens e com a ascensão da subjetividade política dos recém-chegados que, em tempos de incerteza, ilustra um forte envolvimento cívico. Os recém-chegados representam, de facto, um espinho na carne dos Estados-Nação, e a sua subjetividade política é uma rutura da "ficção da soberania moderna" estilhaçada entre as condições de "seres humanos" e "cidadãos". Entretanto, a atitude dos imigrantes no sentido de obterem, em relação às minorias étnicas marginalizadas e sem voz, mais atenção por parte de um grande alvo público de dissidentes, que por sua vez pressionam as elites actuais a reflectirem, reforçarem e transcenderem a opinião pública, parece ser um ponto de partida desigual para uma nova compreensão das sociedades da Europa de Leste.

Por isso, um reconhecimento político através de uma atribuição alargada de direitos de auto-governo pode ser fundamental para trazer os pedidos e as exigências dos imigrantes e dos grupos minoritários para a discussão e para as arenas públicas, onde o consenso obrigatório de ambas as partes, nomeadamente dos grupos maioritários e minoritários, reforçará os compromissos e a competitividade com base na igualdade de condições.

Falando da liberdade de expressão, por exemplo, que deve garantir às minorias não expressas (por exemplo, comunidades étnicas) e aos grupos marginalizados (por exemplo, imigrantes) o direito de falar livremente sobre as suas condições, os direitos autónomos virão a promover a argumentação racional como um método para diminuir as mensagens retóricas actuais, como o slogan populista "*send-them-back- to-where-they-come-from*" (Leviev-Sawyer, 2015). A relevância de ter espaços abertos para falar é fundamental. As mensagens não ouvidas que assomam em torno de uma comunidade não ouvida podem ameaçar a segurança humana, uma vez que têm um impacto significativo nos grupos sociais (especialmente se forem auto-expressas, públicas ou isoladas). A população muçulmana autêntica e autóctone da Europa Oriental (por exemplo, Estados dos Balcãs, Geórgia, Azerbaijão, Cáucaso do Norte incluído no território da Rússia) enfrentou recentemente discussões e divisões internas entre as linhas sunitas e xiitas, à luz dos sérios esforços que os "governantes islâmicos" têm realizado em nome do chamado Estado Islâmico (ISIS). As tentativas de exportar certos meios de subsistência religiosos e a propaganda radical da jihad (por exemplo, o wahhabismo e o salafismo) tiveram recentemente a capacidade de danificar a essência tradicional do Islão[64] nos Balcãs, expondo as minorias muçulmanas a uma manipulação arriscada e a (erros)/concepções sobre práticas sociais que foram (sobretudo inconscientemente) aceites no seio da comunidade. Isto torna, sem dúvida, cada vez mais vulnerável e maleável a forma já idiossincrática do Islão (por exemplo, o hibridismo ontológico das comunidades muçulmanas) nos Balcãs, como na Bósnia-Herzegovina, na Albânia, no Kosovo e, em última análise, na Bulgária, onde as possibilidades de um futuro melhor no que diz respeito às relações e à cooperação interétnica e interestatal parecem ser mais difíceis do que no passado recente.

Assim, paralelamente a uma atribuição alargada de direitos de auto-governo, a liberdade de expressão em arenas locais e públicas beneficiará tanto os grupos maioritários como os minoritários, cujos membros podem conduzir como agentes (mesmo individualmente) e decisores políticos o seu exercício de expressão de direitos e necessidades igualmente tratados (Gutman, 2003). Esta oportunidade servirá, assim, para democratizar e tornar mais concretas e práticas as possibilidades de os habitantes (por exemplo, todos os cidadãos) e os utilizadores (por exemplo, os migrantes económicos, os refugiados e os requerentes de asilo) expressarem a sua própria identidade (Engin, 2000) em liberdade e tolerância, estabelecendo também os limites do governo e conferindo aos cidadãos os direitos contra ele. Ao fazê-lo,

---

[64] O "Islão dos Balcãs" está relacionado com a escola sunita Hanafi do Islão, que foi a interpretação dominante do ensino religioso islâmico no território europeu do antigo Império Otomano. Ver mais Bardos G., *Ibidem,* p. 118.

o primeiro virá proteger os grupos minoritários da pressão esmagadora do sistema cultural majoritário, dando-lhes um vasto leque de oportunidades liberais para expressarem o seu próprio "direito a ser diferente" e moderando a arena política sem qualquer tipo de censura na política, na esfera pública, no meio académico, etc. Ao mesmo tempo, esta integração beneficiará, em primeiro lugar, a sociedade central contra as ameaças da deslealdade e das atitudes iliberais dos imigrantes e dos grupos étnicos minoritários na vida quotidiana e, em segundo lugar, abrirá relações de cooperação com as comunidades de facto que ainda se comprometem a conquistar a sua terra de origem "dentro de um Estado" (Caspersen, 2012) que não reconhecem como seu. Assim, mutuamente, dos grupos minoritários para o núcleo da sociedade, e vice-versa (Kymlicka, 1995), este reconhecimento baseado na racionalidade e no bom senso - entendido no seu sinónimo grego de uma auto-restrição (ооφрооτ'п) que se concretiza -, facilitará o despertar da consciência das populações e um entendimento mais ético. Afinal de contas, um potencial Estado multicultural deve construir políticas em torno de concepções comuns em direção ao bem público e, ao mesmo tempo, estabelecer acordos para facilitar a existência de grupos sociais diferentes dentro da sua estrutura nacional. Entretanto, este senso comum garantirá, pelo menos, a inclusão, revelando o ambiente permissivo em que os radicais e extremistas precisam de sobreviver e prosperar. Por conseguinte, a teoria dos direitos autónomos pode fomentar as tendências multiculturais e liberais nas sociedades em que os grupos minoritários demonstraram perspectivas integracionistas, como é o caso da Macedónia, onde os últimos protestos em massa contra o partido VMRO-DOPMNE no poder[65] e o antigo Primeiro-Ministro Nikola Gruevski foram desencadeados por diferentes grupos étnicos. Também na Arménia, onde o ativismo de pequenos grupos étnicos minoritários ao longo das últimas reformas constitucionais levou os seus representantes a concorrer às eleições e a ter direito a assento na Assembleia Nacional em nome dos grupos minoritários a que

[65] A sigla significa "Organização Revolucionária Interna da Macedónia - Partido Democrático para a Unidade Nacional da Macedónia" (em macedónio: Внатрешна македонска револуционерна организаци^а - Демократска партија за македонско национално единство), simplificada como VMRO-DPMNE, e é um dos dois principais partidos macedónios.

pertencem etnicamente. Além disso, esta abordagem tem por objetivo apoiar mesmo os imigrantes ou grupos étnicos auto-isolacionistas, como os ciganos, por exemplo, que se consideram "vendedores de votos" durante as campanhas políticas, e as franjas sovinas das zonas urbanas pós-soviéticas, onde o elevado nível de desemprego e de corrupção é o inverso de um baixo nível de educação. O espetro dos direitos de autogoverno estabelecerá um mecanismo subtil de controlo social através de um binário mútuo de compromisso e negociação, um processo bidirecional que implicará formas de reparação e ajustamento entre os que governam e os que são governados (Engin, 2000), no âmbito do qual a vida quotidiana será democraticamente negociada no seio de todas as estruturas de poder. Esta abordagem implementará as oportunidades desafiantes para substituir o atual conjunto padrão de papéis e identidades que os Estados da Europa de Leste tiveram de aceitar para manter a ordem e regular as relações entre grupos. Também no contexto dos grupos de imigrantes, tanto a integração como a inclusão (Kymlicka, 2001) virão a reconhecer plenamente a sua pertença aos novos Estados de acolhimento, onde as instituições e as entidades jurídicas os acolherão de acordo com as diferenças culturais e as identidades comunitárias.

Também em termos judiciais, a migração transfronteiriça e as rupturas etnopolíticas puseram em evidência a falta de proteção jurídica e a fragilidade das jurisdições da Europa de Leste, que têm vindo a ser discutidas de forma adversa há pelo menos uma década. Por isso, a teoria dos direitos autónomos legitimará uma combinação e uma fertilização cruzada entre as autoridades centrais e as entidades de facto (se existirem), as minorias não reconhecidas e os grupos sem voz, como os imigrantes, entre outros. Embora os representantes legais tenham levantado objecções ao facto de os pactos internacionais conterem disposições relativas a reparações a nível estatal, o que enfraquece o carácter da legislação nacional devido à aplicabilidade no terreno, a aplicação do Pacto Internacional sobre os Direitos Civis e Políticos (PIDCP) de 1966[66] virá harmonizar a aplicação de, pelo menos, os elementos

[66] O artigo 27º, por exemplo, declara que nos Estados em que existam minorias étnicas, religiosas ou linguísticas, não será negado às pessoas pertencentes a essas minorias o direito de, em comunidade com os outros membros do seu grupo, usufruírem da sua própria cultura, professarem e praticarem a sua própria

mínimos onde quer que faltem, como na Bulgária, onde a Constituição declara ilegais os partidos étnicos (Art. 11 - Secção IV) e obriga a que os partidos étnicos sejam considerados como tal. 11 - Secção IV) e obriga os membros dos grupos minoritários a "terem o direito" de aprender a língua oficial (Art. 34º), ou entre o Kosovo e a Sérvia Montenegro, onde a securitização das minorias sérvias remete para a antiga Constituição jugoslava de 1974.

Por último, o prisma da autogovernação, associado aos projectos internacionais e aos princípios liberais, não funcionará apenas para as questões relacionadas com o "Movimento para os Direitos e a Liberdade" (MRF) na Bulgária ou para os "sérvios não estatais" que não confiam nas autoridades kosovares ou montenegrinas. Também apoiará o atual fenómeno da *migração* e dos grupos minoritários de imigrantes que fazem parte de um mecanismo de feedback judicial mais do que nunca desde o fim do colonialismo, facilitando o controlo democrático da passagem das fronteiras e promovendo a cooperação entre pares de Estados em toda a Europa Oriental. Assim, apesar de ser aparentemente "demasiado simplista" e esquematicamente (des)/construtivista, a proposta de direitos autónomos no quadro teórico do multiculturalismo como política funcionará como uma forma de reparação para os Estados pós-soviéticos (por exemplo, Arménia, Azerbaijão, Geórgia, Moldávia e Ucrânia) que pretendem proporcionar uma via para uma maior *securitização* no âmbito da Parceria Oriental (PO). Poderá também servir de componente essencial para que os Estados pós-comunistas e pós-jugoslavos se reintegrem na Europa (Kymlicka, 2004) e acedam à União Europeia, que tem incentivado as relações de boa vizinhança e a cooperação na Europa Oriental, respeitando os direitos humanos e das minorias, que têm vindo a regredir e a estagnar na última década, mas que continuam a ser uma condicionalidade política e um indicador da democracia em geral.

---

religião ou utilizarem a sua própria língua.

Em vez de conclusões

Contra uma era de incerteza

A convicção ocidental de que a Europa de Leste pós-comunista iria nivelar internamente os processos de democratização num par de décadas parece hoje mais auto-congratulatória do que era após o colapso do comunismo. A falácia da paisagem política anterior significou o desaparecimento de uma das mais importantes incursões na história da humanidade, que deixou de existir abrindo uma nova era que as condições humanas e políticas passaram a descrever negativamente.

Embora diferentes populações tenham conseguido coexistir num "domínio comum" baseado num baluarte idealizado de valores fortes, todos os antigos Estados comunistas lidaram politicamente com tentativas de assumir responsabilidades em cooperação com os vizinhos, a fim de manter a segurança interna e regular as relações de boa vizinhança entre grupos nacionais e minoritários através de processos de construção do Estado. Por esse motivo, a soberania dos antigos Estados comunistas foi rapidamente afetada por rupturas separatistas e pela pan-regionalização que (in)/surpreendentemente substituiu a mudança de época pós-1989. Neste sentido, a figura do "Outro" reflectiu a resistência dos encontros de vizinhança contra o novo estado de coisas, ao originar a oposição "próprio - estrangeiro". Desde então, a reverberação das identidades comunitárias, que constituiu simultaneamente um aumento da intolerância em relação às (co)/existências partilhadas na proximidade espacial pós-comunista, levou a Europa de Leste a falhar miseravelmente na promoção da transformação e na elaboração de políticas no que respeita a questões sensíveis em sociedades multiculturais e multiétnicas.

Embora o acesso à União Europeia tenha sido criado para promover um quadro de negociação através de actividades bilaterais, multiníveis e multilaterais, as crises contínuas dos regimes vizinhos, em que as mudanças[67] não ocorreram da forma que a maioria dos observadores externos muitas vezes antecipa, têm impedido a região de dar um passo em frente. Nos aspectos políticos, o ressurgimento da instabilidade

[67] Leviev-Sawyer C., *Ibidem*, p. 149.

em zonas fronteiriças contestadas parece desencadear hostilidades etnopolíticas intermináveis que traumatizaram de forma marcante os países orientais onde a vida quotidiana e as verdadeiras emoções continuam a enfrentar um fluxo crescente de recém-chegados do Médio Oriente, como no Sudeste da Europa, e aqueles onde se verificam atualmente trocas suspeitas, como no Cáucaso e na Ucrânia. Como resultado, o cenário atual está a conduzir a uma grave crise existencial dos valores autoproclamados da Europa de Leste como um todo. Ao levantar culturalmente questões inevitáveis sobre os "Outros" em debates públicos para além das fronteiras nacionais e a nível interno, as imagens típicas da localização geográfica da Europa de Leste projectaram de forma nebulosa as difíceis relações existentes com a alteridade mais próxima dentro da "própria comunidade" e a alteridade futura que parece mais distante, suspeita, exótica e sobretudo desconhecida do que as que estão atualmente em jogo. Por isso, não é de surpreender que toda a região alerte para os crescentes movimentos transfronteiriços e que a nostalgia comunista da proibição do nomadismo e das migrações externas tenha voltado a despertar. Atualmente, a instabilidade das fronteiras é acompanhada por uma ansiedade histórica moldada por memória(s) colectiva(s) e traumas tumultuosos que tornaram vulneráveis massas de pessoas[68] numa região que parece ainda não estar consolidada nem pacificada.

Desde a primavera de 2015, a crise humanitária dos refugiados revelou a incapacidade regional de reconhecer a "Outridade" (Bebgy e Burgess, 2009) no domínio público, fornecendo amplos exemplos de deterioração das percepções sobre os imigrantes e os membros das minorias, mais negativas do que eram no início da década de 1990, após a queda dos regimes autoritários[69] enquanto ideologia e sistemas políticos. Além disso, uma vez que os intercâmbios e as deslocações transfronteiriças tendem a persistir, será impossível isolar esses grupos sociais na sua pureza imaculada e livrar-se da "alteridade" que se avizinha, o que se verificará constantemente na construção de uma variedade de complexidades interseccionais

---

[68] Peachey, *Ibidem*, p. 30.

[69] Ver mais Duas Décadas após a Queda do Muro. O fim do comunismo foi aplaudido, mas agora há mais reservas (2 de novembro de 2009) The Pew Global Project Attitudes, pp. 49-55. Washington DC.

entre a auto-identificação e a representação dos Outros. A "Outra Questão" representará, assim, definitivamente uma noção desafiadora para a (trans)formação de conflitos, que será impossível de deixar de fora das abordagens clássicas, uma vez que visa criar novos mecanismos de resolução para um futuro (mais brilhante) e uma paz sustentável em cenários contestados. É provável (e positivo) que se afirme que, quando as perspectivas mudarem, esse imaginário holístico de um Outro assustador mudará em conformidade. No entanto, este processo poderá ter de começar de uma forma diferente da que ocorreu no passado. Talvez facilitada e inspirada pelo dinamismo, pela relatividade, pela flutuação contínua e pela reversibilidade incessante do papel e da figura do "Outro" em novas circunstâncias históricas e dimensões culturais e sociopolíticas, a "Outra Questão" servirá também como abordagem de transformação para futuras relações de boa vizinhança e acordos de paz entre adversários amargurados. Numa época em que a vida interior comum e as emoções verdadeiras ao encontrar o "Outro" estão a tornar-se ainda mais difíceis do que no passado recente, a própria "Outra Questão" virá a desempenhar uma nova interação entre o Eu e o Outro com base na intrincada constelação da interconexão atual e futura. Em combinação com isso, a proposta de uma maior atribuição de direitos autónomos virá (des)homogeneizar a grande narrativa da Europa Oriental, que retrata a região como a zona mais sombria da Europa, mesmo com as histórias positivas de *boa convivência* interétnica[70] .

Perante o fracasso da política externa ocidental, a necessidade de encontrar uma estratégia vantajosa para defender a(s) diversidade(s) e garantir a esfera pública a partir do seu interior é atualmente primordial. De facto, as autoridades e instituições ocidentais parecem politicamente fracas e paradoxalmente preocupadas em introduzir termos de resolução da segurança humana através da teoria dos direitos autónomos ou de qualquer tipo de implementação deste exercício democrático no terreno. A este respeito, as autoridades ocidentais provaram a ineficácia de tal teoria

[70] Uma alusão crítica ao "*viver juntos*" de Jacques Derrida, que significa estar em relações dissimétricas e não recíprocas com outros que são totalmente outros. Ver mais *O Islão e o Ocidente: Uma conversa com Jacques Derrida*, de Mustapha Cherif.

e abordagem (Kymlicka e Opalski, 2000) devido às suas tendências para proporcionar mais cegueira e supressão implacável de identidades do que igualdade, inclusão e cooperação (Peachey, 1993) na região. No entanto, nos últimos dois anos, o fenómeno da migração tem sido evidente em todas as zonas fronteiriças, afirmando perspectivas éticas e competências para transmitir uma visão moral. julgamento sobre as formas culturais e políticas de outros povos (Bebgy e Burgees, 2009) além-fronteiras, para quem o conceito ocidental de soberania se limita a abordar as novas preocupações ambientais.

Por tudo isto, terminei as secções anteriores desta monografia estabelecendo um paralelo entre a vulnerabilidade das fronteiras da Europa de Leste e a proximidade espacial entre grupos étnicos e imigrantes, de modo a dar coerência às novas (b-)/ordens e ao crescente sentido de solidariedade e de entrincheiramento que os grupos minoritários começaram a emprestar aos recém-chegados. Em vez de manter o atual status quo, que mantém as lutas internas entre clãs e grupos diferentes, o paradigma que acima defendo procura ir além da (má)-conceção da soberania no entendimento atual da sua autoridade central de poder e de direito, bem como dos mecanismos tradicionais de relações transfronteiriças entre Estados e macro-áreas da Europa de Leste. Em vez de reivindicar experiências de nova nacionalidade ou construções nacionais que mostram todas as suas controvérsias a partir do interior, em que a mitologização do símbolo do sofrimento e sacrifício dos antepassados excluirá os Outros com verdades (in)questionáveis, a política autónoma pode entregar uma política quotidiana insustentável em nome de relações interestatais de boa vizinhança.

Embora o papel dos fenómenos migratórios e a teoria dos direitos de autodeterminação tenham sido discutidos em vernáculo até agora, os fenómenos transfronteiriços começaram a ser discutidos seriamente devido à necessidade crescente de prestar atenção aos interesses a vários níveis e às perspectivas desafiantes. Neste contexto, temos de afirmar honestamente que os "direitos a ter direito" colectivos de autodeterminação podem conduzir a um processo de remapeamento da Europa de Leste de hoje, como já foi demonstrado pelo caso da

Crimeia e por várias anexações autoproclamadas e junções entre zonas fronteiriças e estados afins em proximidade espacial. Em vez de minar improdutivamente as "democracias em trânsito" pós-comunistas, conduzindo-as a uma potencial *reductio ad absurdum*, a proposta de reconhecimento pleno e de direitos de auto-governo (ver Capítulo II) parece menos traumática do que os receios tradicionalmente abertos de fragmentação de microestados e de fracassos políticos relacionados com reivindicações não qualificadas e iliberais que grupos desleais e auto-isolacionistas podem fazer viver se mantidos num estatuto de marginalização. Assim, se a proposta de uma auto-governação plena virá a representar a possibilidade de uma maior fragmentação territorial, potencialmente aberta e capaz de restaurar internamente o tribalismo étnico devido à ausência de entidades superpoderosas, a proposta de direitos de auto-governação visa determinar um processo mútuo de compromisso e negociação a partir do interior entre grupos maioritários e minoritários. Além disso, quanto mais o sentido de solidariedade e o enraizamento entre os grupos étnicos e de imigrantes na região foram claramente demonstrados nos últimos dois anos, menos a política institucional quotidiana tem sido capaz de lidar com sucesso com a atual crise dos refugiados e a marginalização das minorias. Assim, em vez de evitar a interação de identidades que, segundo os especialistas conservadores, devem ser preservadas para não gerar conflitos e tensões, a implementação do exercício dos direitos de auto-governo dos grupos imigrantes e minoritários visa, em primeiro lugar, preservar a identidade colectiva particular, o que deve necessariamente produzir mudanças mesmo nas estruturas nacionais de direito e poder, respeitando o seu direito à diferença. Embora os antigos Estados comunistas tenham adotado legislação interna em matéria de migração e cidadania, o grande número de particularismos étnicos, nacionais e religiosos tem prejudicado seriamente qualquer tipo de processo progressivo de democratização.

A atribuição de direitos de auto-governo passará a representar uma teoria de gestão na prevenção de turbulências (Jourek 1999), reconhecendo os grupos minoritários que têm tentado desestabilizar os Estados onde as questões separatistas se têm transformado em nacionalismo vulgar e retórica sobre rivalidades étnicas através das fronteiras nacionais de facto e de jure. Aproximando-se dos Estados candidatos à adesão à União Europeia, por exemplo, esta proposta contrasta com o autoritarismo e as práticas internas que utilizam atualmente as questões das minorias e os fenómenos migratórios como um alvo esquivo da condicionalidade democrática da UE.

Em suma, este paradigma desafiador visa abordar o estado atual das coisas numa região que parece ser fundamental na arena internacional e nas macro-áreas, por sua vez, em constante mudança. Como mencionei acima, embora antes da queda do comunismo as políticas de fronteiras tenham sido estabelecidas para diminuir as ameaças de deslocação interna (Sagynbekova, 2016), a migração em curso indica que vale a pena notar que, em muitas áreas sub-regionais, as demarcações de linha entre etnia, língua e religião ainda não coincidem com a ideia de Estados-Nação homogéneos. Por isso, afirmo que a proposta de implementação do exercício de direitos autónomos envolverá uma nova defesa mútua e pacífica juntamente com a esfera pública e os espaços sociais transnacionais como uma nova extensão das arenas democráticas para a aspiração de grupos sem voz. Apesar de este reconhecimento parecer difícil de compreender, uma vez que desafia a ideia clássica de fronteiras nacionais - mais em termos funcionais do que geopolíticos -, a necessidade de proteger rapidamente as esferas públicas contra modos de ser falsos, distorcidos e reduzidos (Walzer, 1997), é atualmente necessária. Em conclusão, este paradigma desafiante pode resolver parcialmente a tragédia cultural que toda a Europa de Leste sente atualmente ao ser considerada como Ocidente devido às virtudes do seu sistema político e como Leste devido às virtudes da sua história cultural (Kundera, 1984). Por outro lado, este paradigma visa superar a preservação ocidental da identidade nacional como uma experiência natural e completa e uma área monolítica de estados-nação padronizados, que hoje parece problematizar fortemente a integração de grupos imigrantes e o exame da proposta de direitos autónomos a partir do zero em termos de eficácia e proteção particular de grupos imigrantes e de minorias étnicas não expressas. Para além disso, a questão mais importante que esta abordagem delineia é a de quebrar o legado da Europa de Leste, entendida como a zona mais pobre do continente europeu e terra de conflitos sangrentos e rivalidades não resolvidas.

Referências

i. Badiou A., Bourdieu P., Butler J., Didi-Habermas G., Khiari S., Rancière (2016) "What is a People?" New York: Columbia University Press.

ii. Bardos N. Gordon "*International Security and Domestic State Structures: The Case of Bosnia & Herzegovina*", p. 45-59 em The Balkan and The Middle East: Are They Mirroring Each Other? (2012) ed. por The Patriarchy of Pec, Universidade de Belgrado - Faculdade de Estudos de Segurança, 14-15 de outubro de 2012.

iii. Bauman, Z. (2007), Consuming Life, Londres: Polity Press.

iv. Bebgy, E. e Burgess, P. (2009), Human Security and Liberal Peace, Public Reason - Journal of Political and Moral Philosophy, Vol. 1, No. 1, pp. 91-104.

v. Caspersen, N. (2012), Unrecognized States. The Struggle for Sovereignty in the Modern International System, Cambridge: Polity Press.

vi. Cox, Robert W. (1982), Social Forces, States and World Orders: Beyond International Relations Theory, Millennium - Journal of International Studies, LSE, Vol.10, No.126, Millenium Publishing House.

vii. Cvetkovic, Vladimir N. e Duric, S. (2012) Global Power and Particular Responses (The Balkan Wars and the "Albanian Issue" in the Light of Neorealism) in: Patriarcado de Pec (ed.), The Balkans and the Middle East: Are They Mirroring Each Other? pp. 45-59, Belgrado.

viii. Delany, C. (2004), Investigating Culture. An Experimental Introduction to Anthropology, Blackwell Publishing.

ix. Della Porta, D. e Mattoni, A. (2014), Spreading Protest. Social Movement in Time of Crisis, ECPR Press, Colchester - Reino Unido.

x. Denishinko, V. (2015), Communication of Tragedy in Global Space: 1991 January 13th Events (Lithuania), 1992 Khojali Events (Azerbaijan), The Margins of the NagornoKarabakh Conflict: In Search of Solution, Centre for Geopolitical Studies, Vilnius.

xi. Elster, J. (1994), Constitutional Politics and Economic Transformation in PostCommunist. A Comparative Study of Bulgaria, Czechoslovakia and Hungary, Edward Elgar Publishing, Inc., UK.

xii. Engin, E.F. (2000), Democracy, Citizenship and the Global City, Nova Iorque: Routledge.

xiii. Erdagi, B. (2014), Karl Heinrich Marx e a Filosofia Política, Sophia Philosophical Review, Vol. 8, No. 1, pp. 34-69.

xiv. Faist, T. (1998), International Migration and Transnational Social Spaces: Their Evolution, Significance and Future Prospects, IISArbeitspapier 9/98, Institut fur Interkulturelle und Internationale Studien (InIIS), Bremen.

xv. Faist, T. (1998), International Migration and Transnational Social Spaces: Their Evolution, Significance and Future Prospects, IISArbeitspapier, 9/98, Institut fu "r Interkulturelle und Internationale Studien (InIIS), Bremen. pp. 3-40.

xvi. Fukuyama, F. (2012), The Origins of Political Order, Londres: Profile Book.

xvii. Glavanakova, A. (2016), Trans-Cultural Imaginings. Translating the Other, Translating the Self in Narratives about Migration and Terrorism, Sofia: Editora Crítica e Humanismo.

Graeme, R. (2011), The Politics of Protests, Hybrid Regimes:
Managing Dissident in PostCommunist Russia, Nova Iorque: Cambridge UP.

xviii. Grassiani E. e Swinkels M. (2014) "*Engaging with Borders*", pp. 7-12 in *Etnofoor* - Borders, Volume 26 - Número 1.

xix. Gutman, A. (2003), *Identity in Democracy*, Princetown e Oxford: Princetown University Press.

xx. Habermas, J. (1990), Moral Consciousness and Communicative Action, Cambridge: MIT Press.

xxi. Hys, D. (2004), A Critical Assessment of Will Kymlicka's Theory of Minority Rights: Dilemas do Multiculturalismo Liberal, Biblioteca e Arquivo do Canadá.

xxii. Kymlicka, W. (1995), Multicultural Citizenship. A Liberal Theory of Minority Rights, Oxford: Clarendon Press.

xxiii. Kymlicka, W. (2004), National Minorities in Post-Communist Europe: The Role of International Norms and European Integration, Universidade de Toronto, recuperado de http://www.law.utoronto.ca/documents/globalization/Kymlicka_ Oct7_04.pdf

xxiv. Kymlicka, W. e Marin, R.R., (1999), Liberalism and Minority Rights, Ratio Juris Journal, Vol. 12, No. 2, pp. 133-152.

xxv. Kymlicka, W. e Opalski, M. (2001), Can Liberal Pluralism be Exported? Western Political Theory and Ethnic Relations in Eastern Europe, Oxford University Press.

xxvi. Lefebvre, H. (1991), *Production of Space*, Tradução de Donald Nicholson - Smith, Oxford: Blackwell Ltd.

xxvii. Leviev-Sawyer, C. (2015), Bulgaria: Politics and Protests in the 21th Century, RIVA Publishers, Sofia.

xxviii. Marinov M. (2017) *Religious Communities in Bulgaria*, SouthWest Bulgaria Unviersity Publishing House, Blagoevgrad,

xxix. Mincheva M. & Dzhekova R. (2017) *Documento de trabalho: Risk of Islamist Radicalization in Bulgaria: A Case Study in the Iztok Neighbourhood of the City of Pazardzhik*, Centro de Estudos para a Democracia CDS, Sófia

xxx. Murzaku T. "*The Origins of Albanian Question and its Place Within the Balkan Configuration*" pp. 239-269, em *Albania and the Albanian Identities* (2000) ed. por Antonina Zhelyazkova, International Centre for Minority Studies and Intercultural Relations, Sofia,

xxxi. Nail, T. (2015a), Migrant Cosmopolitanism, Public Affairs Quarterly, Vol. 29, No. 2, pp. 187-199.

xxxii. Nail, T. (2015b), The Figure of the Migrant, Colorado University Press.

xxxiii. Nordstrom, C. (1995), Fieldwork under Fire: Contemporary Studies in Violence and Survival, Berkeley: University of California Press.

xxxiv. Parkinson, J.R. (2012), Democracy and Public Space: The Physical Sites of Democratic Performance, Oxford: Oxford UP.

xxxv. Peachey, P. (1993), Rethinking Nationalism and Democracy in the Light of

Post-Communist Experience, Religion in Eastern Europe - Christian Associated for Relations with Eastern Europe, Vol. XIII, No. 1, pp. 26-38,

xxxvi. Sagynbekova, L. (2016), The Impact of International Migration. Process and Contemporary Trends in Kyrgyzstan, Springer International Publishing Switzerland.

xxxvii. Shenk, G. (2006), What Went Right: Two Best Case of Islam in Europe, Christian Associated for Relations with Eastern Europe, Vol. XXVI, No. 4, pp. 1-15.

xxxviii. Schiller Glick N., Basch L, Blanc-Szanton C. (1995) From Immigrant to Transmigrant: Theorizing Transnational Migration, Anthropol Q, No. 68, pp. 48-63.

xxxix. Stavenhagen, R. (1991), The Ethnic Question. Conflicts, Development, and Human Right, Publicações das Nações Unidas.

xl. Teodorova, M. (1994), The Balkans: From Discovery to Invention, Slavic Review, Vol. 53, No. 2, pp. 453-482.

xli. Tlostanova, M. (2004), Post-Soviet Literature and the Aestestesthic of Transculturalism.

xlii. Trupia F. "*Ghettoization, Insecurity and Destabilization: Refugees Crisis in Southeast Europe and South Caucasus*" (ed. por Shajar D.) - © HOLDS Foundation | IISA 2017.

xliii. "Two Decades After the Wall's Fall. End of Communism Cheered but Now More Reservations", The Pew Global Project Attitudes, Washington DC.

xliv. Ushakin, S. (2015), Nam Etoi Bol'yu? O Travme Pamyati i Sbora Stakh, Travma, The Margins of the Nagorno-Karabakh Conflict: In Search of Solution, Centro de Estudos Geopolíticos, Vilnius.

xlv. Vavfik, M. (2010), As três teses de Jurgen Habermas, Sofia Philosophical Review, Vol. 4, No. 1, pp. 101-114.

xlvi. Velikonja M. (2003) *Religion in Eastern Europe*, College Station Texas - University Press.

xlvii. Vermeersch, P. (2004), Minority Policy in Central Europe: Exploring the

Impact of EU's Enlargement Strategy, The Global Review of Ethnopolitics, Vol. 3, No. 2, pp. 3-19.

xlviii. Vermeersch, P. (2004), Minority Policy in Central Europe: Exploring the Impact of EU's Enlargement Strategy". The Global Review of Ethnopolitics, Vol. 3, No. 2, pp. 3 - 19.

xlix. Waligore, T. (2009) "Cosmopolitan Right, Indigenous People, and the Riski of Cultural Interaction" pp. 27-57, in Public Reason - Journal of Political and Moral Philsosophy, Volume I, Número I, Editura Universitatii din Bucuresti, Roménia.

l. Walzer, M. (1997), The Politics of Difference: Statehood and Toleration in a Multicultural World, Ratio Juris, Vol. 10, No. 2, pp. 165-166.

Ligações

i. Jourek, N. (1999), Etno-Political Conflicts in Post-Communist Societies: Prospects for Resolution and Prevention in the Context ofInternationalLaw , retrievedf http://www.nato.int/acad/fellow/95-97/jourek.pdf

ii. A pobreza estimula a migração em massa do Kosovo EurActiv.com, 16 de fevereiro de 2015, https://www.euractiv.com/section/global-europe/news/poverty-spurs-mass-migrationfrom-kosovo/.

iii. Kundera, M. (1984), The Tragedy of Central Europe, New York Review of Books, Vol. 31, No. 7, recuperado de http://www.bisla.sk/english/wp-content/uploads/ 2014/03/Kundera_tragedy_of_Central_Europe.pdf

iv. Tanjug. "A falta de integração da UE e da NATO é responsável pelo conflito" B9211Maio2015 . http://www.b92.net/eng/news/region.php?yyy=2015 &mm=05&dd=11&navid=94070.

v. Aumentam as tensões no campo de refugiados de Harmnali, na Bulgária,

Novinite, 24 de novembro 2016,http://www.novinite.com/articles/177634/Tension+in+Bulgaria's+Harmanli+Refugee+C amp+Escalates (acedido em 27 de novembro de 2016).

vi. Touma A. Maria, "Balkan Religious Minorities Still Feel Excluded, US Says", 16 de agosto de 2017, Balkan Insight (recuperado de http://www.balkaninsight.com/en/article/state-dep-balkan- states-to-speed-up-restitution-of-cult-property-08-16-2017, acedido em 20 de agosto de 2017).

Printed by Books on Demand GmbH, Norderstedt / Germany